✳

포기하지 않는다면 무엇이든 이룰 수 있습니다.

무엇보다 당신이 스스로를,
그리고 자신의 삶을 더욱 사랑했으면 좋겠습니다.

_____ 에게 진심 어린 응원을 보냅니다.

하루라도
공부만
할 수 있다면

하루라도
공부만
할 수 있다면

박철범 지음

간절하게
공부의 이유를
찾고 싶은 이들을 위한
힐링 에세이

디선
에듀

우리는 삶을 위해
공부한다

『하루라도 공부만 할 수 있다면』이 처음 출간된 2009년으로부터 어느새 12년이나 지났다. 그때 나는 대학생에 불과했고, 특출 난 성과를 이룬 사람도 아니었지만 이 책은 정말 많은 사랑을 받았다. 부족한 저자를 응원해 준 독자들께 이 자리를 빌려 진심으로 감사의 인사를 드린다.

책을 쓰고 싶다는 생각이 처음으로 들었던 이유는, 10대 시절 나의 경험과 깨달음을 후배들에 전해주고 싶어서였다. 나의 10대 시절은 혼자만의 싸움이 이어지던 외로운 시기였지만, 내 뒤를 따라오는 후배들은 그런 마음이 들지 않도록 해주고 싶었다.

이 책이 출간된 이후 나에게도 많은 변화가 있었다. 공부에는 전혀 관심이 없었던 열등생이 법학과와 법학대학원에서 무사히 공부를 마쳤고 시험에도 합격하여 변호사가 되었다. 그 후로 법률사무소 대표로서 몇 년 동안 수많은 소송도 진행했다.

이제는 변호사 일도 익숙해지고 바쁘게 달려온 내 삶에도 쉼표가 생겼다. 그래서 지금이 후배들과 다시 한번 이야기하기에 가장 좋은 시기라는 생각이 들었다.

이 책에는 입시에서 이기는 비법이나 신통방통한 공부법 따위는 없다. 대신 내가 말하려는 건 아무리 시간이 흘러도 변하지 않는 가치, '삶과 꿈'에 대한 것이다. 사람에게 공부란 무엇일까? 우리는 왜 공부하는 걸까?

Non scholae sed vitae discimus

논 스콜래 세드 비태 디쉬무스

내가 가장 좋아하는 말이다. 라틴어 격언으로 "우리는 학교를 위해서가 아니라 인생을 위해서 공부한다"라는 뜻이다. 이 말을 가슴에 새기며 공부했던 아이들이 세운 나라가, 바로 로마 제국이다.

내가 12년 만에 다시 내놓는 이 책이 '왜 공부하는가?'라는 질문에 대해 당신만의 답을 찾는 데 도움이 되기를 바란다. 그리고 그 답이, 공부가 나에게 그랬던 것처럼 당신의 인생도 풍성하게 만들어줄 것이라 믿는다.

　　바라건대, 당신이 뭔가 하고 싶은 것이 있다면 그걸 꼭 이뤘으면 좋겠다. 그리고 무엇보다 자신을 그리고 자신의 삶을 더욱 사랑했으면 좋겠다. 그러면 그 나머지 일은, 될 일이라면 반드시 될 것이다.

　　이 책은, 힘들지만 그래도 어떻게든 앞으로 나아가려는 그런 당신을 향한 나의 응원이다.

2022년 1월

박철범

다시 일어나
나를 사랑한다는 것

2008년 겨울이었다. 학교 구내식당에서 이른 저녁을 먹고 돌아가던 길이었다. 겨울 해는 빨리 저물었고 몰아치는 바람에 온몸이 금세 굳는 느낌이었다. 바람에 휩쓸리듯 재빠르게 걷고 있을 때 핸드폰이 울렸다. 얼마 전까지 내가 과외를 해준 여학생이었다.

"선생님, 저 수시 합격했어요."

울먹이는 목소리를 듣고 나도 모르게 발걸음을 멈췄다. 몇 초 동안 나는 그 학생과 그동안 함께했던 장면들을 떠올렸다. 숙제를 미처 다 하지 못했다며 죽을죄를 지은 것처럼 미안해하던 모습, 내가 던지는 면접 예상 질문을 듣고서 땅이 꺼져라 한숨을 푹푹 쉬고 눈동자를 이리저리 굴리면서 대답하던 모습이 순식간에 되살아났다.

끝났구나. 이 학생에게도 괴롭던 시간은 흘러갔고, 오지 않을 것 같던 끝이 결국 왔구나. 나는 마치 내가 합격한 것처럼 기뻤다. 이제 그 애에게는 하루 열두 시간의 깊은 잠과 친구들과의 즐거운 약속, 해피 크리스마스와 희망으로 가득 찬 새해가 펼쳐질 것이다. 무엇보다 그 애는 자기 자신을 좀 더 사랑할 수 있게 될 것이다. 그리고 그것이 나를 가장 기쁘게 했다.

동시에 한숨이 새어 나왔다. 이 학생과는 달리 또 다른 어떤 학생들은 어딘가에서 자신의 목표를 이루지 못하고 낙담하며 지내고 있을 것이다. 낯모르는 그 학생들을 생각할 때마다 진심으로 안타까웠다. 그들의 낮은 성적과 대학 불합격이 안타깝다는 말이 아니다. 내 마음을 정말 아프게 하는 것은 그 학생이 '성적'이라는 단 하나의 이유만으로 스스로를 사랑하지 못하고 있지는 않을까 하는 염려 때문이다. 어쩌면 예전에 그랬던 나의 모습이 떠올라서 더 마음이 아픈 것인지도 모르겠다.

인생은 한 번뿐이다. 그리고 공부란 것은 인생에서 사람이 할 수 있는 수많은 것 중 하나일 뿐이다. 그런데 왜 공부를 못한다는 이유로 스스로를 하찮게 보고 자신감을 잃어버릴까? 왜 대입에 성공하지 못했다는 이유로 열등감에 싸여서 우울하게 살까? 모두 공부를 인생의 전부로, 성적을 인생의 점수로 여기기 때문이다. 합격을 해야 인정받기 때문일 것이다.

반대로 공부를 잘하고 대학에 합격하면 행복할까? 인생은 거기서 끝이 아니기에 단언하기는 어렵다. 다만 좀 더 자신감을 가지게 되고 스스로를 사랑하기가 쉬워진다고 답해 줄 수 있다.

물론 좋은 대학에 들어가야만 그렇게 된다는 말이 아니다. 스스로를 사랑하는 마음은 '합격' '불합격'이란 단어가 가르는 것도, 일류대학 점퍼가 주는 것도 아니다. 그것은 후회가 남지 않을 정도로 치열하게 사는 과정에서 얻게 되는 마음이다. 매일의 루틴을 거르지 않고 놀고 싶은 유혹을 참아내며 때로는 하기 싫은 마음을 이겨내는 고통의 순간들이 주는 선물이다.

그 선물을 내가 가르친 학생 외에도 더 많은 학생이 받을 수 있도록 돕고 싶었다. 치열하게 공부한 끝에 얻는 것은 성공과 실패 둘 중 하나가 아니라, 비록 실패하더라도 여전히 자신을 사랑하며 다시 일어나 열심히 살아갈 수 있는 힘이다. 이것이 내가 책을 쓴 이유다.

먼저 겪어본 선배로서 무엇을 전할까 고민했다. 공부하는 방법을 알려주는 것은 어렵지 않다. 그러나 공부 비법을 아는 것보다 더 중요한 것은 비법을 받아들일 수 있는 바탕, 즉 마음을 만드는 것이다.

공부를 이렇게 해라, 저렇게 해라 얘기하고 싶지는 않다. 가장 좋은 본보기는 역시 내 삶을 그대로 '보여주는 것'이라고 믿는다. 실제로 내가 어떻게 살아왔고, 어떻게 극복했으며, 어떤 과정을 거쳤는지 최대한 생생하게 보여주는 것이 이 글을 읽는 독자들에게 최대한의 도움을 줄 수 있을 것 같다.

돌이켜보면 나의 인생은 결코 순탄하지 않았다. 일그러진 가정과 경제적으로 부족했던 집안 형편, 그리고 결코 넘어설 수 없을 것 같이 느껴지는 나 자신의 한계에 부딪힐 때마다 나는 책상 위에 엎드려 울었고 상처받았다. 그냥 모든 것을 포기한 채 되는대로 살고 싶다는 충동과 싸워야 했다.

그러나 그 모든 것에도 불구하고 나는 그때마다 또다시 일어서려 애썼다. 그것은 마치 연어와도 같은 삶이었다. 아래로 흐르는 물결에 휩쓸려 떠내려가기를 거부하고, 세차게 부딪혀오는 물결에 온몸으로 저항하는 상처투성이 연어. 그렇게 나는 현재의 내 모습에 머물러 있지 않겠다는 의지를 불태웠고, 어딘가 있을 꿈을 찾기 위해 몸부림치며 살아왔다.

부모님과의 갈등, 계속되는 경쟁, 결코 넘어설 수 없을 것 같은 한계 등 각자를 괴롭히는 고난의 모습은 모두 다를 것이다. 하지만 겉모습은 다를지언정 속살은 같다. 실패 앞에서 울고 있는 여린 속마음 말이다.

삶은 실패와 성공의 연속이다. 나 역시 그랬다. 꽤 오랜 시간이 지났지만 이 이야기를 통해 여러분 또한 조금 더 단단한 마음을 만들 수 있기를, 그래서 스스로를 더 사랑할 수 있게 되기를 바란다.

차례

개정판을 펴내며
우리는 삶을 위해 공부한다   4

프롤로그
다시 일어나 나를 사랑한다는 것   7

자유롭고 싶었던 소년

꿈꾸는 바닷가   19

손가락이 없는 사내   24

시골의 까만 밤   30

두 여자가 사랑하는 방식   34

전투에서 져도 전쟁에서 이기는 법   39

창진이가 떨어트린 작은 불씨   45

너는 왜 공부하는 거야?   50

공부에 지친 너에게 들려주고픈 이야기 1
땅과 공부는 거짓말하지 않는다   57

2장 날고 싶다면 먼저 날갯짓부터

이미 따라잡을 수 없는 차이   63

단어장과 농구공 사이에서   69

절벽 끝에서 시작한 공부   75

네가 공부하는 방법이 왜 궁금해?   79

경쟁자가 아닌 페이스메이커   83

책에서 눈을 떼지 않으면 공부는 저절로 된다   88

숨을 쉬는 동안 1분 1초도 쉬지 않고   93

공부에 지친 너에게 들려주고픈 이야기 2
공부는 코스모스와 같은 것   97

3장 공부하는 지금 이 순간의 즐거움

빠르게 성장하는 공부의 비결   103

하루라도 공부만 할 수 있다면   108

경신고의 공부 고수들   118

내 마음이 향해 있는 곳   122

상위권에서 최상위권으로 올라서는 법   126

앞이 보이지 않는 주홍빛 안개   132

너는 지금의 삶에 만족하니?   138

공부에 지친 너에게 들려주고픈 이야기 3

우리에게는 격려가 필요하다   145

4장 멈추지 않으면 실패한 게 아니다

흔들리지 않는 실력의 비밀   151

공부 너머의 삶   157

외할머니와의 이별   164

PC방에서 듣게 된 합격 소식   172

서울대생으로 산다는 것   177

내가 바라는 삶   181

철범이 너 공부 안 하는구나?   189

세 번째 수능   195

공부를 시작했던 첫 마음으로   200

공부에 지친 너에게 들려주고픈 이야기 4

자신을 조금 더 믿어도 된다   208

5장 마음을 다한 공부가 주는 진짜 보상

꿈을 이루기 위해 필요한 것들   213

또다시 흔들리는 꿈   220

7년째 고3   226

물동이를 이고 가는 마음으로   231

될 일이라면 되겠지   236

공부가 쉬워지는 '앎의 4단계'   240

합격과 불합격을 가르는 기준   246

귀하는 변호사 시험에 합격하셨습니다   251

첫 사건이 준 교훈   257

공부에 지친 너에게 들려주고픈 이야기 5
공부가 우리에게 주는 보상   263

에필로그
만약 공부를 연인이라 부를 수 있다면   265

뒷이야기   270

1장

자유롭고
싶었던 소년

"넘어설 수 없는 산은 없고 극복할 수 없는 어려움도 없다.

포기하지만 않는다면 말이다.

끝까지 해보지 않고는 아무도 모르는 일이다.

할 수 있는 일인지 없는 일인지."

꿈꾸는 바닷가

초등학교에 입학하기 전후로 내가 살던 곳은 제주도였다. 귀가 따가울 정도로 울어대는 매미소리가 야자수로 이어진 가로수길을 떠나 구름 한 점 없는 파란 하늘로 퍼져나가는 곳. 어딜 가도 노란 유채꽃이 한가득 피어 있는 그곳은, 빚쟁이들을 피해 이사 온 우리 가족이 살기에는 너무나 아름다운 섬이었다.

당시 할아버지가 운영하던 공장이 부도나면서 우리 가족은 도망치듯 내려와 공사장 옆에 정착했다. 할아버지는 공사장에 현장 식당을 열어 인부 아저씨들을 상대로 밥장사를 시작했다. 특별한 직업이 없었던 아비지는 시간이 날 때마다 할아버지의 식당 일을 도와드리며 지냈다.

✦

우리 집은 공사장 바로 옆에 있었다. 돌과 모래를 가득 실은 화물차가 한 번 지나갈 때마다 뿌옇고 노란 흙안개가 퍼지는 그 공사장을 나는 좋아했다. 그래서 학교를 마치면 곧장 그곳으로 와서 놀았다. 그네도 미끄럼틀도 없었지만 공사장을 맴돌며 구경하고 인부 아저씨들과 이야기 나누는 것이 재미있었다.

나의 놀이터는 훗날 대한민국에서 가장 큰 식물원이 될 것이라고 했다. 하지만 당시에는 식물은커녕 풀 한 포기 없었다. 쌉싸름한 흙냄새가 퍼지는 그곳에 갖가지 식물이 나풀거리는 모습이 도저히 상상이 안 갔다.

신기하게도 하루하루 공사장은 달라졌다. 모래, 돌, 철사, 콘크리트, 유리 등 각기의 재료가 모여 식물원이 되는 과정은 이루 말할 수 없이 멋졌다. 처음에는 철사를 엉성하게 이어 만든 그물 모양이더니 콘크리트가 덮이고 유리 장식이 붙었다. 그러더니 어느새 외계인들이 타고 온 것 같은 거대한 우주선 모양이 되어 있었다. 매일 근사하게 달라지는 무엇을 본다는 것은 정말이지 나에게는 큰 즐거움이었다. 그 즐거움의 바탕에는 바로 나날이 발전해 가는 그 무엇에 대한 동경이 깔려 있었다.

✦

인부 아저씨들은 내게 식물원 꼭대기까지 연결된 엘리베이터가 완성되면 꼭 먼저 타게 해주겠노라고 약속했다. 그리고 그 약속은 마치 감자를 삶는 냄비 속처럼 더운 여름날에 이루어졌다.

"어이~ 철범아! 드디어 완성했다!"

아저씨들을 따라 엘리베이터를 타고 올라가는 동안 가슴이 방망이질을 쳤다. 식물원 꼭대기에는 전망대가 있고 그곳에서는 드넓은 바다가 한눈에 내려다보인다고 했다. 얼마나 넓은 바다가 펼쳐져 있을지, 그 높은 곳에서 바라보는 기분은 어떨지 그저 궁금하기만 했다.

드디어 하늘 끝에 다다랐다. 아, 그때 전망대에 올라 바라보았던 바다의 풍경을 나는 아직까지 잊을 수 없다. 눈앞에는 한없이 자유로워 보이는 푸른 물결이 끝없이 펼쳐져 있었다. 수평선 너머로 넘실대는 그 물결은 세상 어디로든 흘러갈 것 같았다. 멀리 멀리 아주 멀리. 그 물결이 만날 미지의 세계가 아직 어린 나의 가슴을 설레게 했다.

바로 그때 나는 처음으로 미래에 대해서 생각해 보았다. 저 넓은 바다처럼 흐르고 흘러 새로운 세계를 만나 보고 싶다고. 흘러간 물결만이 수평선 너머에 무엇이 있는지 아는 것처럼 나도 얼른 자라서 나의 미래를 만나고 싶었다. 앞으로 펼쳐질 나의 삶도 저 탁 트인 바다와 같았으면 좋겠다고 막연히 생각했다. 저렇게 넓게, 자유롭게.

　　미래를 상상한 첫 순간이었다.

손가락이 없는 사내

아버지는 손가락이 없었다. 자동차 부품 공장에서 일하던 때 철판을 자르는 기계에 손을 잘못 집어넣었다가 일곱 개의 손가락이 무참히 잘려나갔다고 한다. 내가 태어나기 전의 일이었다.

아버지는 항상 집안에서 TV만 보셨다. 초점 없는 눈으로 우두커니 앉아 TV를 보는 아버지의 눈은 늘 젖어 있었다. 철이 없던 나는 웃긴 장면을 보면서 우는 아버지가 이상했다. 아버지는 그때마다 너무 웃겨서 운다고 했다.

손가락이 없는 장애인이 할 수 있는 일은 별로 많지 않았다. 그건 아버지가 노력한다고 해서 될 일은 아니었다. 그러니 집안 형편은 날이 갈수록 기울어졌고, 우리 가족은 할아버지에게 기댈 수밖에 없었다. 설상가상으로 어머니는 그런 우리 곁에 있지 않았다.

✦

그 시절 내 마음은 원망으로 가득 차 있었다. 자포자기한 나머지 자식들에게조차 무관심한 아버지, 아직 나이 어린 우리를 두고 간 어머니, 그런 어머니를 탓하는 할아버지와 할머니, 도무지 나아질 것 같지 않은 하루하루가 모두 원망스러웠다.

나는 되도록 아무 생각도 하지 않으려고 노력했다. 생각하게 되면 화가 나니까. 너무 어려서 철이 없었던 건지, 아니면 부모님의 마음을 헤아리지 못해서인지 모르겠으나 어쨌든 너무 화가 났다. 하지만 당시에는 분노를 밖으로 표출하지 못했다. 힘들고 속상하다는 말을 꺼내면 안 될 것만 같았다. 그렇게 삭이지 못한 화가 안에서 쌓이고 쌓였다.

아버지는 어떻게든 일자리를 구해야 했으며, 어머니는 아무리 힘들어도 우리 곁을 지켜야 했다. 하지만 그러지 못한 두 분을 보면서 나는 어린 마음에도 부모님처럼 살지 않겠다고 결심했다.

아무리 힘들어도 살길을 찾겠다고, 그 어떤 어려운 일이 닥쳐도 끝까지 해내겠다고, 나의 책임은 반드시 지키겠다고 매일 밤 다짐했다.

그리고 그때의 영향으로 나는 시작한 일은 어떻게든 끝맺고야 말고 어떤 일이든 중간에 포기하지 않는 성격을 갖게 되었다.

마음먹은 일에서만큼은 절대 중도하차하지 않으니 잘된 일이라고 생각할 수 있겠지만, 사실 이 성격은 단점이 되기도 했다. 내가 할 수 있다는 백 퍼센트의 확신이나 완벽한 목표가 없으면 시작조차 하지 못했던 것이다. 공부를 늦게 시작한 것도 이런 성격적인 면이 작용한 것 같다.

아버지 곁을 떠나 더 넓은 세계로

식물원 정상에 올라가 바다를 본 후 며칠이 지났을까. 집을 나갔던 어머니가 돌아왔다. 어머니가 돌아왔으니 모든 것이 그저 잘될 것만 같았다. 아버지도 뭐라도 일을 시작하지 않을까 내심 기대도 되었다. 그런데 집안 분위기가 심상치 않았다. 아버지와 어머니는 서로 소리를 높여 싸웠다.

나는 옆방에서 숨죽이며 두 분의 대화를 들었다. 어머니는 내 성적표나 가정통신문을 들먹이며 일을 하지 못하면 애라도 잘 돌봐야 할 것 아니냐며 따졌다. 그러면서 나와 내 동생을 데리고 집을 나가겠다고 했다. 아버지는 어머니의 선언에 불같이 화를 내며 소리만 질렀다.

나는 마음이 심란했다. 어머니가 선물로 사 오신 실로폰을 세차게 두드리며 어서 이 순간이 끝나기를 기다렸다. 실로폰을 강하게 두드릴수록 두 분의 싸우는 소리가 작게 들렸다. 나는 아무 생각도 하지 않으려 애썼다. 며칠 전에 보았던 아름답고 드넓은 바다를 떠올리려 했다.

그때였다. 갑자기 방문이 열리더니 어머니와 아버지가 함께 들어왔다. 어머니가 먼저 말을 꺼냈다.

"철범아, 종이하고 연필 꺼내 봐라. 그리고 받아 적어 봐라. 내 이름은 박철범입니다."

나는 당황했다. 초등학교 2학년인 그때까지도 한글을 쓸 줄 몰랐기 때문이었다. 내가 받아쓰지 못하고 눈치만 보자 아버지는 한숨을 쉬었다. 어머니는 그런 아버지를 노려보며 울부짖듯 외쳤다.

"도대체! 당신은 집에 있으면서 애 교육에 신경도 안 써?"

"……."

아버지는 아무 말씀도 하지 않았다. 내 눈에 아버지는 어머니에게 화가 난 게 아니라 내게 화가 난 것 같았다. 나는 고개를 푹 숙였다. 그런 나를 보던 아버지가 뭔가 생각난 듯이 어머니에게 갑자기 큰소리를 쳤다.

"당신이 집구석에 가만히 붙어 있어 봐라. 애가 저 꼴이 됐는 가!"

그러자 어머니 역시 질세라 대들었다.

"당신이 능력이 있어야 붙어 있지. 나라도 나가서 돈을 벌어야 애들 먹이기라도 하지!"

그 순간 이 모든 것이 나 때문이라는 생각이 들었다. 내가 아직 글을 쓰지 못해서 두 분이 싸우는 것이라고. 그러자 내 자신이 너무 한심하게 느껴져 눈물이 멈추질 않았다.

✦

결국 그날 밤, 아버지는 나와 동생을 어머니에게 보내고 당신은 제주도에 남기로 결정했다. 그렇게 나는 아버지와 이별을 했다.

그때 나는 아버지와 헤어지는 슬픔보다 어머니가 나와 동생을 데리러 왔다는 기쁨이 더 컸다. 사실 그전까지는 어머니를 그리워하기보다 원망하고 있었다. 살기 힘드니 나와 동생도 버리고 더 좋은 곳으로 떠난 것이라고만 생각했다. 하지만 아니었다. 어머니는 이렇게 나와 동생을 데리러 왔다.

어떻게든 같이 한번 살아보자던 어머니의 다짐이, 앞이 보이지 않는 그 상황을 바꿔보려는 의지가 느껴져 안심이 되었다. 한 손에는 어머니가 사준 실로폰을 들고 다른 한 손으로는 어머니의 손을 잡고 대구로 올라오던 날, 나는 한 걸음 더 넓은 세계로 내딛는 기분이었다.

시골의 까만 밤

대구에서의 일 년은 가난했지만 가장 행복한 시절이었다. 어머니 혼자 아이 둘을 건사하며 생계를 이어갔기에 비록 형편은 넉넉하지 못했어도 마음엔 여유가 있었다. 무더위도 찬바람도 막아주지 못하는 집이었지만 아늑했다.

하지만 이 시절도 오래 가지 못했다. 당시 어머니는 유치원에서 아이들을 돌보는 일을 하셨는데, 그 벌이로는 세 식구가 끼니를 잇기 어려웠다. 더군다나 여자 혼자서 초등학생 두 명을 기른다는 것은 여간 어려운 일이 아니었다. 어머니와 나 그리고 동생은 매일 끼니 걱정을 해야만 했다.

내 눈에 비친 어머니는 슈퍼우먼이었지만 다른 사람들 눈에는 별 볼 일 없는 가난한 아줌마였다. 심지어 친척들에게조차.

어머니는 아파도 쓰러지기 전까지는 누구에게도 아프다는 말을 하지 않는 분이었다. 아무리 배가 고파도 주위에 도움을 청하는 것을 죽기보다 싫어했다. 그만큼 자존심이 센 분이었다. 그러나 나와 동생 때문에 마냥 자존심만을 내세울 수는 없었던 것 같다. 어머니는 "내가 굶는 것은 상관없지만 니들을 굶기는 건 더는 못할 일이다. 병이라도 나면 어카나" 하며 걱정하다, 자존심을 버리고 주위에 도움을 청하기로 했다.

✦

어머니는 고민 끝에 친오빠를 찾아갔다. 소원한 사이였지만 집이 두 채나 있어 살림이 넉넉한 오빠였기에 5만 원 정도의 돈이라면 큰 무리 없이 빌려줄 것이라 생각했다. 그러나 외삼촌은 애원하는 어머니의 부탁을 단박에 거절했다. 그 매정함에 큰 충격을 받은 어머니는 하염없이 눈물만 흘렸다. 어머니는 피를 나눈 형제와 가까운 친척들의 멸시를 받으면서도 누구에게 말도 못 한 채 고통의 시간을 혼자 견뎌야만 했다.

결국 내가 초등학교 4학년으로 올라간 지 얼마 되지 않았을 때 또다시 이별이 찾아왔다. 어머니가 이대로는 우리를 제대로 키워내기 힘들겠다고 생각했던 것이다. 계속 돈을 벌어야 하는 어머니 대신 아이 곁에서 중심을 잡아줄 어른이 필요했다. 어머니는 울산에 있는 외할머니에게 나와 동생을 맡기고 타지에서 돈을 벌기로 결정했다.

당시에는 그런 어머니의 마음을 알 길이 없었다. 일 년 전에는 아버지와 헤어졌는데 이제 어머니와도 헤어져야 한다니, 베개가 흠뻑 젖을 만큼 울면서 엄마와 떨어지지 않게 해달라고 기도했다. 하지만 그 간절한 기도는 이루어지지 않았다. 그렇게 태어나서 한 번도 뵌 적 없는 외할머니와 함께 살게 되었다.

✦

외할머니와 같이 살았어도 가난을 피할 수 없었던 우리는 계속 이사를 다녔다. 울산에서 일 년 남짓 살다가 새로 정착한 곳은 북삼이었다. 구미와 대구 사이에 위치한 시골인 북삼은 지금은 읍이지만 그때는 면이었다. 어딜 가도 논과 밭, 비닐하우스뿐이었고 버스는 하루에 두 번씩만 다녔다.

우리가 살 집은 나무와 흙으로 지어진 기와집이었는데, 밥을 하려면 아궁이에서 장작을 때야만 할 정도로 아주 오래된 집이었다. 다 허물어져 가는 집이란 표현이 맞을 것이다. 당장이라도 무너질 것 같은 그 집으로 이사 온 첫날, 어머니는 이삿짐 정리만 도와주고 다시 떠났다.

언제까지 이렇게 살아야 하는 걸까. 제주도에서 본 바다는 눈에서만 멀어진 것이 아니었다. 마음에서도 멀어지고 있었다. 수평선 너머의 미래는 이제 너무 멀게만 느껴졌다. 어머니가 떠난 시골의 밤은 그저 암흑이었다.

두 여자가 사랑하는 방식

반찬 살 돈을 아끼기 위해 미숫가루를 먹는 형편이었지만 어머니가 돈을 아끼지 않은 데가 있었는데, 그건 바로 책이었다.

사실 나는 어머니에게서 단 한 번도 '공부해라'라는 말을 들어본 적이 없다. 어머니는 그 흔한 잔소리도 하지 않았다. 내가 어떤 행동을 하도록 명령하는 말도 사용하지 않았다. 그런 어머니가 나에게 요구한 것은 딱 한 가지뿐이었다. 바로 책 읽기였다.

어머니는 나에게 전하고 싶은 메시지가 있을 때마다 책을 이용했다. 가령, 존댓말을 쓰는 문제도 그랬다. 어릴 때 나는 어머니에게 반말을 했다. 존댓말은 어쩐지 쑥스럽고 이상하게 느껴졌다. 하지만 어머니는 내가 존댓말을 써야 한다고 생각했다. 말이 곧 생각이기에 존대를 써야 공경하는 마음을 기를 수 있다고 여겼다.

어느 날, 어머니가 건넨 책을 읽던 나는 충격을 받았다. 이 책의 주인공은 나보다 어린데도 부모님께 존댓말을 쓰는 것이 아닌가? 그런데 그 모습이 왠지 예의 바르고 멋지게 보였다. 그때부터다. 내가 부모님께 존댓말을 쓰기 시작한 것이. 그렇게 어머니는 책을 통해 '보여주는 방식'으로 나를 가르쳤다.

"이것 봐, 이 책의 주인공도 방 정리를 깔끔하게 하잖아. 그러니까 여자 친구가 와서 보고는 주인공을 좋아하게 되잖니. 너도 이렇게 깔끔하게 정리를 해봐."

호오, 왠지 방을 깨끗하게 치우고 싶어지는 것이 아닌가? 이렇게 어머니는 책을 통해 잔소리를 하고 꾸중도 했다.

아마 쉬운 일이 아니었을 것이다. 왜냐하면 이런 방식으로 교육하기 위해서는 어머니가 직접 모든 책을 읽어봐야 하는데, 그건 시간과 노력이 많이 요구되는 일이기 때문이다. 그러나 상당히 귀찮을 것 같은 이 수고를 어머니는 마다하지 않았다.

"엄마, 그거 동화책 아니에요? 엄마가 그런 걸 왜 읽어요?"

"엄마가 먼저 봐야 네가 읽을 만한 책인지 아닌지 알 수 있지."

그렇게 어머니는 모든 책을 자신이 먼저 읽고 나서 꼭 필요한 책만 나에게 읽게 했다. 어머니 덕분에 꼭 읽어야 할 책들은 모두 읽었고, 나중에 시간이 지나서야 그게 나에게 얼마나 큰 도움이 되었는지를 깨달았다.

회초리에 담긴 사랑

반면 외할머니는 어머니와 완전히 달랐다. 굉장히 엄격했고 작은 실수도 결코 용납하지 않았다. 외할머니의 교육 방식은 '일벌백계'였다. 말을 안 들으면 바로 회초리 세례가 쏟아졌다.

어느 날, 학교에서 친 수학 시험 점수가 40점이었다. 그날처럼 많이 두들겨 맞은 적도 없는 것 같다. 외할머니는 "이 병신아, 니 에미가 그렇게 고생하면 니라도 공부를 잘해야지!"라고 외치며 머리고 다리고 간에 마치 맑은 날 이불의 먼지를 털듯이 회초리를 휘둘렀다.

온몸을 두들겨 맞으면서 드는 생각은 하나뿐이었다. 그건 앞으로 시험을 잘 쳐야겠다거나 공부를 좀 해야겠다는 게 아니었다. 다음에 어머니가 올 때 외할머니의 '만행'을 일러바쳐야겠다는 생각뿐이었다. 그리고 며칠 후 어머니가 왔다. 나는 다짜고짜 외할머니가 또 나를 때렸다고 이르려다가 잠시 생각했다.

'어머니에게도 이 성적표를 보여드려 보자. 외할머니와 같은 반응일까?'

성적표를 본 어머니의 반응은 내 예상대로였다. 어머니는 40점을 맞은 수학에 대해서는 한마디도 하지 않았다. 대신 다른 과목 성적을 보더니 "와, 철범이 국어 잘하네? 56점으로 점수가 제일 높네! 과학도 잘하고……. 다른 과목도 이것들만큼 잘하면 반 여자애들한테도 인기 많아지겠다"고 말씀하신 것이다.

어머니의 말을 듣자 기분이 좋아졌다. 그것은 정말 나를 전폭적으로 믿어주고 지지해 주는 느낌이었다. 어머니의 말에는 힘이 있었다. 이상하게도 정말 다음에는 수학도 잘해야겠다는 생각이 든 것이다. 그러다 성적표를 보여드린 이유가 생각났다. 나는 곧바로 최대한 억울한 말투로 고했다.

"엄마. 외할머니가 절 막 때렸어요. 마치 복날에 개 잡듯이 팼어요."

어머니가 까르르 웃으시더니 말씀하셨다.

"복날에 개 잡듯이 팬다는 말은 어디서 배웠니?"

그러고는 다정하게 나를 바라보며 말을 이었다.

"할머니는 옛날 분이시라서 가르치는 방식이 조금 다를 뿐이야. 너를 미워하는 것이 아니니까 외할머니를 미워하거나 원망하면 안 된다."

나는 갑자기 울음이 터졌다. 서러웠다. 어머니마저 내 편이 되어주지 않았다고 느꼈기 때문이었다. 나를 달래며 어머니가 말씀하셨다.

"그래도 외할머니처럼 고마운 분이 어디 있겠니? 밥 세 끼 꼬박꼬박 다 챙겨서 먹여주시지, 더러운 체육복이나 속옷까지 다 손으로 빨아주시지, 우리 주위에 그런 일을 해줄 사람이 또 누가 있겠니? 너도 이제 다 컸으니 외할머니 고마운 줄 알고, 좀 때리시더라도 네가 그냥 이해해 드려라. 너 남자잖아 짜식아. 울지 마!"

어머니의 말을 듣자 나는 기분이 한층 나아졌다. 어머니는 울지 말라고 윽박지르거나 명령하는 대신, 상황을 이해하기 쉽게 설명해 주셨고 나는 그런 어머니의 모습이 너무 좋았다. 내 울음이 잦아들자 어머니는 나를 안으며 말씀하셨다.

"엄마가 미안해. 고생시켜서 미안해. 나중에 꼭 돈 많이 벌어서 데리러 올게. 그때는 엄마랑 같이 살자."

어머니와 대화를 나누고 나니 외할머니를 이해할 수 있을 것도 같았다. 그 후로 나는 가끔 산에 올라갔다. 외할머니가 나를 때릴 때 쓰는 회초리를 직접 만들어 드리기 위해서였다. 적당한 나뭇가지를 꺾어다가 낫으로 껍질을 싹싹 벗기면 예쁜 회초리가 된다. 그만큼 나는 마음의 여유가 생겼다.

전투에서 져도 전쟁에서 이기는 법

이사가 잦았던 탓에 나는 초등학교 내내 다섯 번이나 전학을 다녔다. 반 아이들과 친해질 만하면 이사하고, 또 친해질 만하면 이사하는 것이 정말 고역이었다.

여섯 번째 학교인 북삼초등학교는 한 학년에 반이 두 개밖에 없는 작은 학교였다. 전학 간 날 으레 선생님은 내 소개를 했고 뒤이어 나는 아이들에게 인사를 했다. 그동안 다녔던 초등학교는 남녀가 짝꿍이 되어 앉는 경우가 많았는데 여긴 좀 달랐다. 남자 분단과 여자 분단으로 나뉘어 있었다.

"전학 온 철범이 자리를 정해야겠다. 제일 뒤에 빈자리가 하나 있기는 한데, 이제 전학 와서 친구도 없는 애를 거기 앉히기는 좀 그렇고……."

선생님이 학생들을 쭉 둘러본 후 나를 쳐다보며 말씀하셨다.

"철범아, 그냥 아무 자리나 앉고 싶은 곳을 한번 골라봐라. 그러면 니가 고른 자리에 원래 있던 학생은 제일 뒤에 있는 빈자리로 옮길 테니까, 그 자리에 대신 니가 앉아라."

나는 교실을 빙 둘러보았다. 예쁘장한 여자애가 가장 먼저 눈에 들어왔다. 하지만 남녀 분단이 따로 있으니 그 애 옆에 앉을 수는 없는 노릇이었다. 나는 차선을 택했다. 그 여자애 옆쪽 건너편에 있는 자리로. 그러자 선생님이 말씀하셨다.

"동훈아, 네가 제일 뒤 빈자리로 가라."

그 선택이 실수임을 그날 학교가 끝나자마자 깨달았다. 동훈이의 짝은 중용이었는데, 나는 5학년에서 가장 끈끈하고 유명한 단짝인 동훈이와 중용이를 갈라놓은 것이었다. 그렇지 않아도 전학생을 탐탁지 않게 여기는 분위기인데 적이 될 빌미를 준 꼴이었다.

문제는 거기서 끝나지 않았다. 전학 온 반의 짱과 내가 마음에 들어 했던 여자애가 서로 좋아하는 사이였던 것이다. 비극은 건너편의 그 여자애를 흐뭇하게 바라보는 내 모습을 그 녀석이 놓치지 않았다는 데 있었다.

✦

수업이 모두 끝나자 한 무리의 아이들이 다가왔다. 그건 절대 "안녕, 만나서 반가워. 우리 친하게 지내자"라는 훈훈한 분위기가 아니었다. 그들 중 한눈에 봐도 짱인 듯한 녀석이 어깨를 툭 치며 말했다.

"따라 나와. 이 개새끼야."

뭘까? 아무리 생각해도 나는 잘못한 게 없었다. 아마도 전학 온 나의 기선을 초반에 확실히 제압하겠다는 속셈일 거라 생각했다. 녀석들을 따라 나가면서 나는 직감했다. 그 애들 앞에서 울먹이며 기죽는 순간 왕따가 되리라는 것을. 지금 밀리면 이곳 학교생활은 끝이다.

내 어깨를 툭 친 그 녀석을 똑바로 쳐다보며 말했다.

"지금 한판 붙어보자는 거야? 솔직히 난 싸움은 잘 못해."

"그렇게 보여."

녀석들은 웃었다. 나는 영락없이 맹수의 영역을 침범한 집토끼 같은 꼴이었다. 겁이 더럭 났지만 침착하려 했다. 내게 힘은 없어도 그 애들에게는 없는 비장의 무기가 있었기 때문이다. 나는 그

깃을 믿어보기로 했다. 그래서 씨익 웃으며 말을 이었다.

"그렇지만 날 한번 건들면, 졸업할 때까지 매일 나랑 싸워야 할 거야."

"웃기시네."

짱이 나에게 주먹을 날렸다. 피하지 못한 나는 얼굴을 맞고 나가떨어졌다. 아, 씨. 이거 장난 아닌데? 하지만 나는 바로 일어나서 녀석에게 덤벼들었다. 그러자 주위에 있던 다른 녀석들까지 한꺼번에 달려들었다.

일대일로도 못 이길 판국에 어떻게 다수를 상대하겠는가? 그렇지만 마냥 맞고만 있지는 않았다. 내 목표는 딱 한 녀석이었으니까. 정신없이 얻어터지면서도 그 녀석을 향해 주먹을 날려보았다. 안타깝게도 내 주먹은 제대로 꽂히지 못하고 허공을 갈랐다. 만신창이가 된 나는 물에 젖은 양말처럼 축 늘어져 버렸다.

쓰러진 나를 향해 비웃음을 날리고 돌아서는 녀석들의 등을 보면서 나는 미소를 지었다. 왜냐하면 이 싸움의 승자는 결국 내가 될 테니까. 나는 싸움에서 이기는 방법을 알고 있었다.

다음 날, 학교에 들어서자마자 나는 어제의 그 녀석부터 찾았다. 책상에 앉아 있는 녀석에게 다가가서 말을 걸었다.

"안녕?"

그리고는 '뭐지?'라는 표정을 지으며 일어서려는 녀석의 얼굴을 향해 곧바로 주먹을 날렸다. 엉겁결에 당한 녀석은 우당탕 소리를 내며 옆으로 넘어져 버렸다.

"나한테 싸움을 걸 거면 각오하라고 했지?"

"아니. 이 새끼가 미쳤나?"

기습 공격에 당한 녀석이 이내 정신을 차리고 나에게 달려들었다. 그날 아침에도 나는 죽이 되도록 맞았다. 그래도 졌다고 생각하지 않았다. 스스로 졌다고 인정하기 전까지는 진 게 아니니까. 침을 뱉고 뒤돌아 가는 녀석의 등을 향해 소리쳤다.

"너 이것만 알아둬. 날 죽이기 전까지는 절대 이 싸움 안 끝나!"

녀석은 능글맞게 웃으면서 할 수 있으면 해보라는 표정을 지어 보였다.

수업이 끝나고 쉬는 시간을 알리는 종이 울렸다. 나는 자리에서 벌떡 일어나 그 애에게 다가갔다. 이번에는 인사도 없이 곧바로 발로 얼굴을 걷어찼다. 싸움에서 이기는 방법은 간단하다. 그것은 이길 때까지 싸우는 것이다.

✦

전학 온 지 딱 일주일 되는 날. 그날도 나는 어김없이 교실에 들어서자마자 싸움을 걸러 다가갔다. 물론 시작은 인사다.

"안녕?"

그러고는 주먹을 날리려는데 갑자기 녀석이 내 손을 덥석 잡았다. 내가 주먹을 날리지 못하게 하려는 걸까? 그렇다고 보기에는 나를 잡은 녀석의 손에 힘이 없었다. 녀석이 처음으로 부드럽게 말했다.

"그만하자. 내가 잘못했다. 그냥 우리 친하게 지내자."

나의 왕따 생활은 그렇게 일주일 만에 끝났다. 공공의 적에서 이제 짱의 친구로 순식간에 상황이 뒤바뀐 것이다. 마틴 루서 킹의 말처럼 "내가 먼저 등을 구부리지 않는다면 사람들은 절대 내 등에 올라타지 못하는 법"이다. 나는 싸움에서 이겼다는 사실보다(이긴 건지 모르겠지만) 나 스스로 상황을 바꾸고 이겨냈다는 사실이 너무나 뿌듯하고 기뻤다.

이 경험은 나에게 큰 자산이 되었다. 넘어설 수 없는 산은 없고 극복할 수 없는 어려움도 없다. 포기하지만 않는다면 말이다. 끝까지 해보지 않고는 아무도 모르는 일이다. 할 수 있는 일인지 없는 일인지.

창진이가 떨어트린 작은 불씨

"나랑 같이 집에 갈래?"

"아, 나는 경시대회 준비 때문에 학교에 남아야 해서……."

어느덧 6학년이 되었다. 친하게 지내고 싶은 여자애에게 말을 걸었다. 하굣길을 같이 걸어가면서 대화를 나누면 좀 더 가까워질 수 있을 것 같았다. 그런데 수학경시대회 준비를 해야 한다니?

공부와는 담을 쌓은 채 살고 있던 나는 잠시 당황했다. 하지만 그런 걸로 포기할 내가 아니었다. 방법을 바꾸면 되니까. 경시대회 준비반에 들어가면 그 여자애와 방과 후에 계속 같이 남아있을 수 있겠다는 생각이 들었다. 대회 준비를 하는 학생들은 저녁까지 학교에 남아서 공부했기 때문이다.

결심하면 바로 직행하는 편이었던 나는 선생님에게 가서 당당히 경시대회 준비를 하겠다고 말씀드렸다. 당연히 선생님은 어이없는 표정으로 대답을 대신했다. 반에서 10등은커녕 중간도 못 되는 내가 시험을 치르겠다고 하니 오죽했겠는가.

성적이 안 되기 때문에 들어올 수 없다는 선생님을 기어코 설득해냈다. 대회 준비를 하는 동안 공부를 열심히 하면 성적이 오르지 않겠냐는 논리로. 그렇게 팀이 꾸려졌다. 인원은 나를 포함해서 세 명이었다. 나와 그 여자애와 그리고······.

이창진. 처음 봤을 때부터 느낄 수 있었다. 창진이는 그 거친 시골 학교에서도 존재감이 강했다. 어릴 때부터 공부를 잘해 온 녀석들만 가지고 있는, 범접할 수 없는 기운이 감돌았다.

짱에게도 겁 없이 들이댔던 나였지만 이 녀석은 왠지 이길 수 없을 것 같은 예감이 들었다. 나는 공부하고 있는 창진이에게 다가가서 괜히 깐죽거렸다.

"야, 우리는 6학년인데 넌 왜 5학년 문제를 풀고 있냐?"

"선생님이 풀라고 하시니까 풀지."

그 말을 듣고 나는 고개를 돌려 선생님을 향해 외쳤다.

"선생님, 우리는 6학년이니까 6학년 문제를 주세요!"

실수였다. 6학년 수학경시대회는 초등 수학의 전 과정에서 출제되는 시험이었다. 바보같이 그 사실을 몰랐다. 아직 배우지도 않은 내용의 고난이도 문제지 앞에서 나는 쩔쩔맸다. 무슨 의미인지 어떤 공식을 세워야 하는지 어떻게 풀어야 하는지를 모르니 달리 방법이 있겠는가. 풀이를 쓰는 공간에 낙서만 하면서 시간을 보내야만 했다.

그 여자애도 공부를 조금 잘하기는 했지만 창진이와 비교할 정도는 아니었다. 문제를 조금 풀어보려 하다가도 금세 집중력이 흐트러졌다. 애초부터 우리 둘은 경시대회와는 거리가 멀었다. 우리는 금세 쿵짝이 맞아 경시대회 준비 기간 내내 끊임없이 노닥거렸다.

그러나 창진이는 달랐다. 우리가 아무리 떠들고 뛰어다녀도 절대 책에서 눈을 떼지 않았다. 그 모습이 신기해서 일부러 더 시끄럽게 굴어봤지만 창진이는 절대 한순간도 고개를 들지 않았다.

창진이는 6학년 2학기 과정의 문제까지 모두 풀어냈다. 몇 시간이고 앉아서 그 어려운 문제들을 끝까지 풀어내는 그 녀석을 바로 옆에서 지켜보며 나는 죽어도 그렇게 할 수 없겠단 생각만 들었다. 그런데 전혀 예상치 못한 감정이 나를 뒤흔드는 사건이 일어났다.

얼마 뒤 열린 경시대회 시험에서 나와 여자애는 '당연히' 예선 탈락을 했고, 창진이는 우수한 성적으로 입상했다. 그날 나는 많은 학생들 앞에서 표창장을 받는 창진이의 뒷모습을 보고 있었다. 그때, 상을 받고 돌아서는 창진이의 얼굴을 봤을 때, 자신감에 찬 미소를 봤을 때, 깨달았다. 내가 무엇을 원하는지.

'한 번만이라도 좋으니 나도 저 자리에 서보고 싶다.'

창진이는 그렇게 나의 마음속에 조그만 불씨 하나를 떨어트렸다. 그것은 성실하게 한 발 한 발 정진한 결과 얻은 성취에 대한 부러움, 자신만의 미래를 향한 여정을 시작한 것에 대한 동경이었다. 같은 나이인데 그 애는 성큼 수평선 너머에 이르러 다른 세계를 본 것 같았다.

이후 창진이는 인근 도시 구미로 이사를 갔다. 시골의 중학교로 진학하는 것이 아들에게 도움이 되지 않는다고 판단한 창진이 부모님의 결정이었다.

나는 다른 친구들과 마찬가지로 북삼중학교에 진학했다. 초등학교 때 친구들 거의 백 퍼센트가 그대로 진학했던 학교였기 때문에 반은 역시 두 개밖에 없는 작은 시골 학교였다.

너는 왜 공부하는 거야?

안타깝게도 나는 창진이가 떨어트린 불씨를 살리지 못한 채 중학 시절을 어영부영 보냈다. 내 몸은 북삼 곳곳을 누비고 다녔지만 마음은 우물 안에 고인 물처럼 어디로도 흐르지 못했다. 그러니 공부에 대한 생각도 미래에 대한 고민도 우물 안에 갇혀 버렸다. 무엇을 해야 하는지도 모른 채 시간이 흘렀고, 어느덧 중학교 3학년이 되었다.

그제야 나는 발등에 불이 떨어졌음을 느꼈다. 당시 내가 살던 곳은 비평준화 지역이었다. 그래서 학교 성적이 낮게 나오면 좋은 고등학교에 갈 수 없었다. 3학년이 되면서부터 진학에 대해 진지하게 고민하게 되었다. 계속 이렇게 아무 생각도 없이 지낼 수는 없다는 걸 알고 있었다.

성적에 맞춰서 하위권 고등학교에 가게 되면 대학에나 갈 수 있을까 하는 생각에 이르자 그 옛날 잊고 있었던 창진이가 떠올랐다. 표창장을 받고 돌아서는 창진이의 모습에서는 빛이 났다. 그래, 창진이는 그때 더 넓은 세계로 나아갔지.

그러자 정신이 번쩍 들었다. 변해야 했다. 달라져야 했다. 이 우물을 벗어나려면 공부를 해야 했다. 성적을 올려서 좋은 고등학교로 진학해야겠다고 결심했다. 당장 공부를 못하는 것은 문제가 아니었다. 성적을 올리는 건 굉장히 어려운 일이겠지만 끝까지 포기하지 않으면 못할 것도 아니다. 이미 나는 경험한 적이 있었다. 포기하지 않고 끈질기게 덤볐을 때의 그 짜릿했던 승리를. 그것은 내가 정말 잘하는 일이었다.

목표는 구미고등학교였다. 구미시에서 명문 고등학교로 소문난 학교인 만큼 잘한다는 애들은 모두 지원하는 곳이었다. 조그마한 북삼중학교에서 구미고등학교에 합격하는 숫자는, 손에 꼽을 정도도 아니고 겨우 서너 명이었다. 그러니까 전교 3~4등은 해야 했다. 아무리 못해도 10등 안에는 들어야 도전이라도 해볼 수 있었다.

당시 성적으로는 어림없는 일임을 나 역시도 알고 있었다. 고민 끝에 담임인 이소희 선생님을 찾아갔다.

"선생님 저 구미고등학교에 가고 싶은데요……."

"거긴 네 성적으로는 힘들다. 그냥 읍내에 있는 순심고등학교가 어떠니?"

"그래도 열심히 공부하면 되지 않겠어요?"

선생님은 잠시 고민하시더니 내 등을 두드리면서 말씀하셨다.

"그럼 한번 공부해 봐라. 선생님이 지켜볼게."

누군가가 나를 지켜본다는 것은 기분 좋은 일이다. 그 사람을 실망시키지 않기 위해 더욱 열심히 하게 된다. 그러나 공부가 익숙하지 않은 나는 집중하기 어려웠고 자꾸만 나태해졌다. 공부를 하기는 했는데 성적은 좀처럼 올라갈 기미가 없었다.

시간은 점점 흘러만 갔다. 이대로라면 처음에 목표로 정했던 구미고등학교는 그림의 떡에 불과할 것이기에 더욱 초조해졌다. 하지만 무엇이 문제인지 알 수가 없었다.

공부해야만 하는 필사적인 이유

이소희 선생님의 담당 과목은 과학이었다. 선생님은 숙제로

'깜지'를 즐겨내셨다. 깜지는 종이에 수학 풀이라든가 영단어 등을 빽빽하게 적은 '공부의 흔적'으로, 당시 많이 활용하던 공부법이었다.

나는 열심히 공부하겠다고 다짐은 했지만 솔직히 깜지는 너무 하기 싫었다. 볼펜 여러 개를 뭉친 뒤 테이프로 둘둘 감고서 의미 없는 글자들을 쓰고 있으려니, 문득 한 가지 생각이 들었다.

'이런 되지도 않는 낙서를 해서 제출하느니 차라리 교과서에 있는 그림을 그리자.'

과학 교과서를 펼치자 삽으로 흙을 푸는 장면과 포크레인이 흙을 푸는 장면이 있었다. 일과 능률에 관한 예시 그림이었다. 나는 깜지에 그 그림을 정성스럽게 그려 넣고는 숙제로 제출했다. 의미 없는 글자를 쓰기보다는 그림을 그리며 교과서를 이해한 것이므로 괜찮을 것이라 생각했다.

이소희 선생님은 숙제에 관해서는 엄격했다. 그래서 깜지 숙제를 안 한 학생들은 앞으로 불려 나가 회초리를 맞았다. 당시만 해도 체벌이 용인되던 시기였기에 으레 있는 일이었다. 아이들 이름이 불릴 때 그러겠거니 하며 앉아 있었는데 내 이름을 부르는 소리가 들렸다. 처음엔 잘못 들었나 싶었다. 하지만 나를 부른 게 맞았다.

이소희 선생님은 체벌을 하긴 했지만 학생들을 함부로 대하지 않았다. 사춘기 아이들의 감정을 다치게 할 만한 폭언도 하지 않았다. 체벌도 학생이 스스로 정한 횟수만큼만 했기에 분위기가 험악해지지도 않았다. 그래서 회초리를 맞으러 나가는 아이들 얼굴도 심각하기는커녕 웃음을 띠는 경우도 종종 있었다.

그날도 선생님은 온화한 표정으로 아이들을 상대했다. 이윽고 내 차례가 되었다. 그런데 내가 앞으로 나오자 선생님의 얼굴이 딱딱하게 굳었다. 한 번도 본 적 없는 싸늘한 표정이었다. 가슴이 철렁 내려앉았다. 선생님은 내가 제출한 깜지를 손에 들고 말씀하셨다.

"철범아. 공부를 잘하고 싶다면 먼저 진지해져라. 억지로 하는 공부로는 절대 성적을 올릴 수 없어."

진지해져라? 나는 고개를 숙이고 곰곰이 그 말의 의미를 생각하고 있었다. 선생님은 계속 말씀하셨다.

"넌 공부를 왜 하니? 네가 왜 공부하고 있다고 생각하니?"

차분한 목소리의 그 질문은 결코 비아냥이 아니었다. 선생님은 정말로 내 생각을 묻고 있는 것이었다. 나는 우물쭈물하며 대답했다.

"…… 좋은 고등학교 가려고요."

"아니, 넌 아직 공부하려는 이유를 모르고 있어. 좋은 고등학교에 가겠다는 그 이유도 머리로만 알고 있는 거지."

나는 혼란스러웠다. 내가 공부를 하는 이유는 정말로 명문 고등학교에 가고 싶기 때문이었다. 머리로만 알다니 무슨 뜻인지 의아했다. 영문을 모르겠다는 내 표정을 읽었는지 선생님은 바로 이어서 말씀하셨다.

"네가 이렇게 장난스럽게 공부하고 있다는 건, 공부를 왜 해야 하는지 아직 모르고 있다는 소리야. 정말 공부 아니면 안 된다는 필사적인 이유 없이는 성적은 오르지 않아."

그 말을 듣고 나는 망치로 머리를 세게 맞은 것 같았다. 그랬다. 나는 왜 공부해야 하는지에 대한 '필사적인' 이유를 가지고 있지 않았다. 이유가 있다 하더라도 '되면 좋고 안 되면 할 수 없다'는 마음이 깔려 있었다. 그러니 스스로 결심해 놓고도 공부를 억지로 하고 있었던 것이다. 그런 공부에 성적이 오를 리 없었다.

조금 전보다 부드러운 선생님의 목소리가 들렸다.

"오늘 많이 맞게 될 거다. 네가 미워서가 아니야. 오늘을, 선생님이 방금 했던 말을 네가 앞으로 잊지 않게 하기 위해서야. 나태해질 때마다 지금 이 순간을 떠올리며 다잡거라."

그날, 나는 선생님의 진심을 느낄 수 있었다. 선생님의 매에 실린 감정은 나를 향한 기대였다. 선생님이 나를 포기하지 않았음을 느낄 수 있어서 오히려 감사했다.

공부를 잘하든 못하든, 공부를 한다는 것은 쉽지 않은 일이다. 우리는 감정을 가진 사람이기 때문이다. 성적이 오르다가도 오랜 기간 정체기가 찾아올 수도 있고 번번이 같은 유형의 문제에서 실패할 수도 있으며 이유 없이 한없이 늘어질 수도 있기 마련이다.

그런데 그렇게 마음이 흐트러질 때마다 놀랍게도 정신이 번쩍 든 그날이 떠올랐다. 그때 선생님께서 하신 말씀을 떠올리며 지금 눈앞에 놓인 공부를 왜 하는지, 그 공부에 대한 열망은 어느 정도인지 다시 생각했다. 머리가 아니라 가슴이 바라는 절실한 이유를 상기하면 풀어진 마음을 다잡을 수 있었다. 그러면 지금 눈앞의 그 난관을 풀어갈 해법도 보였다.

정말 그렇다. 공부 방법만을 알고 있는 학생은 자신의 한계를 뛰어넘지 못한다. 그러나 공부를 해야만 하는 자신만의 이유, 그것도 필사적인 이유를 가진 학생이라면 반드시 자신이 원하는 성과를 얻게 된다. 그것은 누구에게나 적용되는 공부의 보편적인 속성이다.

땅과 공부는
거짓말하지 않는다

중학교 시절, 학교에서 집으로 돌아가는 길은 차도 다니지 않는 시골길이었다. 이따금 집으로 가는 그 길에 드러누워 멍하니 하늘을 보았다. 파란 하늘을 바라보고 있으면 슬프지도 않은데 눈물이 핑 돌았다.

대부분의 친구들은 학교를 마치면 학원에 갔지만 나는 곧바로 집으로 가야만 했다. 밭일을 해야 했기 때문이었다. 당시 외할머니는 여러 가지를 심고 가꾸셨는데, 옥수수, 고추, 토마토, 가지, 호박, 토란, 상추, 대파, 마늘, 부추 등등 안 키우는 게 없으셨다.

외할머니는 칠순이 넘으셨고, 여동생은 이제 겨우 초등학생이었다. 그러니 힘든 일은 내가 해야만 했다. 나는 괭이를 휘두르며 땅을 갈아 일구었고, 크고 작은 돌을 골라내어 버렸으며, 씨앗을 뿌릴 밭이랑을 만들어냈다. 조금만 일을 하다 보면 내 발은 온통 먼지투성이가 되었고, 언제 생겼는지도 모르는 상처들로 뒤덮였다.

당시에는 그런 나의 삶이 무척이나 답답하고 불편했다. 다른 친구들처럼 편하게 공부만 하면서 지내고 싶었다. 흙먼지를 뒤집어쓴 몸을 씻고 나면 피곤을 이기지 못해 곧바로 곯아떨어지는 삶. 그런 삶을 원망한 적이 하루 이틀이 아니었다. 하지만 그렇게 땅과 함께 지내면서 배운 게 한 가지 있다.

땅은 절대 거짓말을 하지 않는다. 내가 노력하지 않으면 땅은 움직이지 않는다. 만약 지금 내가 밭에서 돌을 골라내지 않는다면 1년이 지나도, 2년이 지나도 그 돌은 변함없이 그 자리에 있으면서 식물이 성장하는 것을 방해한다. 힘들더라도 나중을 위해서는 지금 돌을 골라내야만 한다.

땅은 땀 흘려 일한 만큼 풍부한 결과를 내어준다. 괭이를 휘두른 만큼 땅은 비옥해지고, 잡초를 열심히 뽑은 만큼 옥수수 알갱이는 탐스럽게 여물어간다. 더도 말고 덜도 말고 딱 내가 노력한 만큼만 이루어진다.

공부도 마찬가지다. 공부도 땅과 다를 것이 하나도 없다. 많은 사람들이 공부를 하지만, 자신이 만족할 만큼의 성과를 내지 못하는 이유는 간단하다. 그건 돌려받을 만큼 공부하지 않았기 때문이다. 공부와 땅, 둘 다 절대 거짓말을 하지 않는다. 결국 노력한 만큼 돌려받으며 힘을 쏟은 만큼 이루어진다.

2장

날고 싶다면
먼저 날갯짓부터

"그래. 더 이상 의심하지 말자.

나는 할 수 있다.

될 때까지,

공부에 얻어터지면 내가 공부를 때려눕힐 때까지

대결해 보는 것이다."

이미 따라잡을 수 없는 차이

수험 생활은 누구나 힘들다. 어릴 때부터 공부를 잘했던 학생이었다고 하더라도, 한 문제라도 더 맞히기 위해 매일 수련하듯 공부에 매진하는 게 어디 쉬울까.

심지어 나는 중학 시절 내내 놀다가 뒤늦게 수험생 대열에 합류했으니 고통을 느낄 새도 없이 그저 달려야 했다. 그런데 신기하게도 공부를 향해 달리면 달릴수록 그저 멀게만 느껴졌던 미래에 다가가는 것 같아 마음이 설렜다.

사실 중학교 시험에서는 그렇게 깊이 생각해야 풀 수 있는 문제가 많이 출제되지 않는다. 대부분 얼마나 많은 지식을 정확하게 알고 있는지를 보기 위한 문제다. 쉽게 말해서 많이 외우면 장땡이라는 소리다. 그러니 중학교 공부에서 가장 중요한 것은 암기일 수밖에 없다. 그리고 암기의 비결은 결국 '체계적인 정리'와 '반복 학습'에 있다. 나는 외울 내용을 압축하고 또 압축한 정리 노트를 만들어서 가지고 다니면서 틈나는 대로 외웠다.

이 방법은 굉장히 효과적이었다. 나는 그해 겨울에 치러진 고입연합고사에서 만족할 만한 점수를 받아 구미고등학교에 합격했다. 공부를 두고 세운 첫 목표가 이뤄지니 내 자신이 자랑스러웠다.

✦

혹독한 추위를 견디고 나면 봄이 온다. 아직 뺨을 스치는 추위에 옷깃을 여며야 하지만 봄은 봄이다. 내게도 봄이 왔다. 구미고등학교 입학식에서 맞이하는 봄이.

"선서! 우리 신입생 일동은 학교의 모든 규칙들을 성실히 지킬 것이며……."

입학식에서 신입생을 대표해 선서하는 학생을 보며 나는 세상이 좁다는 말을 실감했다. 이창진. 중학교 진학을 앞두고 구미로 이사 간 창진이였다. 어릴 때부터 주변이 아무리 시끄러워도 꿋꿋하고 진득하게 문제를 풀던 창진이의 중학 시절은 보지 않아도 알 수 있었다. 인근 중학교에서 공부 좀 한다는 아이들이 모이는 고등학교에 수석으로 입학했으니 말이다.

다시금 대비되는 창진이와 나. 창진이의 선서를 듣는 그 순간 나의 성취는 한없이 작게 느껴지고 합격 소식을 들었을 때의 자부심도 봄바람에 흩어졌다.

중학교 시절 나는 열심히 놀았고, 녀석은 열심히 공부했다. 그 결과, 나는 턱걸이로 인문계 고등학교에 들어왔고, 녀석은 수석으로 들어왔다. 이제 우리 둘의 학력 차이는 이미 돌이킬 수 없을 만큼 벌어져 있었다.

어느덧 교장 선생님의 훈화 말씀이 들려왔다. 훈화 말씀은 여지없이 지루하고 길었다. 나는 슬쩍 주위를 곁눈질로 둘러보았다. 모두들 미동도 하지 않고 앞만 응시하고 있었다. 교장 선생님의 한 마디 한 마디를 새겨들으며 결의를 다지는 아이들의 얼굴에는 자신감이 가득했다. 총기로 빛나는 그들의 눈빛에 나는 그만 압도되어 더럭 겁이 났다.

'아, 그냥 읍내에 있는 순심고등학교를 갈 걸 그랬나? 내가 괜히 도시로 나온 걸까?'

'세 자리' 석차를 받다

모교인 시골 북삼중학교에서 이곳으로 진학한 학생은 나를 포함해서 여섯 명뿐이었다. 그나마 제각기 다른 반으로 뿔뿔이 흩어져 버렸다. 낯선 곳에 낯선 이들 사이에 있으니 더욱 내가 있을 자리가 아닌 것 같아 좌불안석이 되었다. 그때 내 눈에 창진이가 들어왔다. 같은 반이 된 것이다.

변함없이 책에서 눈을 떼지 않는 창진이의 모습을 보니 잠시 6학년 그때 그 교실에 있는 것처럼 느껴지기도 했다. 반가운 마음에 창진이에게 다가가 인사를 했다. 다행히 창진이는 나를 기억했고 우리는 짧은 몇 마디를 나누었다. 하지만 우리가 친해질 수 없음을 금방 느낄 수 있었다. 창진이는 여전히 친절했지만 첫 수업 날부터 책에 몰두할 만큼 여전히 공부만 했기 때문이다. 그럼 나는 누구랑 놀아야 하나.

다시 한번 교실을 둘러보니 구미에 있는 같은 학교 출신들끼리 삼삼오오 모여 떠들고 있었다. 원래부터 알고 지냈던 사이에 끼기는 어려울 것 같았다. 아이들은 졸업식과 입학식 사이에 어떻게 지냈는지 얘기하고 있었다. 그러다 어느덧 대화는 고등학교 수업 대비에 대한 것으로 흘러갔다. 나는 투명인간처럼 앉아 그들의 대화를 들었다.

"야야, 너는 정석 다 봤냐?"

"다 보긴 했는데 한 번밖에 못 봤어."

"진짜? 나도 한 번밖에 못 봤어. 문제집도 좀 풀어야 되는데."

그들의 대화를 들으니 가슴이 철렁 내려앉았다. 시험 준비만으로도 벅찼던지라 선행은 꿈도 꾸지 못했다. 부랴부랴 입학 전에 몇 번 들춰만 본 그 정석을 다 본 것도 모자라 문제집 타령을 하니 이런 친구들을 어찌 따라갈지 눈앞이 캄캄했다.

"그래! 다 덤벼라. 어디 해보자"라며 단단히 각오하고 입학했는데 나만 정석을 못 봤다 생각하니 기가 죽었다. 솟아올랐던 자신감이 한순간에 팍 꺾였다. 며칠 후 선생님께서 첫 모의고사를 치른다는 공지를 했다. 시험 범위는 중학교 전 과정이었다. 고등 과정을 훑지 않아 내심 불안했는데 고등 과정은 출제되지 않는다니 도전해 볼 만했다.

✦

시험은 크게 어렵지 않았다. 다만 중학교 때는 볼 수 없었던 새로운 유형의 문제가 많아 처음에는 난감했다. 하지만 침착하게 들여다보면 묻고자 하는 핵심 내용은 결국 지금까지 접했던 문제와 크게 다르지 않았다. 문제를 풀수록 떨어졌던 자신감이 회복되어 다음 문제를 더 잘 풀어냈다. 좋은 예감이 들었다. 실력 이상의 점수가 나올 것 같은 예감.

나의 예감은 반은 맞고 반은 틀렸다. 모의고사 성적표를 받아보니 예상대로 '점수'는 그럭저럭 만족할 만했다. 문제는 '등수'였다. 내가 시험이 쉬우면 남들도 쉬운 법. 나만 시험을 잘 친 것이 아니었다.

반이 두 개뿐이었던 북삼중학교에서는 공부를 전혀 하지 않고 시험을 치르더라도 석차는 '두 자리' 숫자였다. 그러나 고등학교 첫 시험에서 난생처음으로 '세 자리' 석차를 받아 들었다. 만감이 교차했다. 나보다 잘하는 아이들이 많은 것은 매한가지였지만 세 자리가 주는 심리적 타격은 이루 말할 수 없이 컸다. 봄은 왔지만 나의 마음은 얼어붙어 버렸다.

단어장과 농구공 사이에서

고등학교에서의 봄날은 더 빠르게 지나갔다. 슬슬 더위가 찾아올 무렵이 되었는데도 나는 마음을 다잡지 못했다. 쉬는 시간마다 복도를 휘저으며 친구들과 어울렸고 시간이 날 때마다 운동장에서 농구를 했다. 야간 자율학습 시간에는 억지로 앉아 시간을 때웠다. 책이 눈에 들어오지 않는데 장시간 앉아 있으려니 그야말로 고분이 따로 없었다.

공부를 소홀히 하니 당장 암기 과목과 영어 점수가 떨어졌다. 그리고 시간이 지나자 중학교 시절 연합고사를 준비하면서 조금은 다져놓았던 수학 실력도 밑천을 드러냈다. 70점, 60점, 50점. 점수는 끝을 모르고 떨어져만 갔다. 점수가 떨어질수록 나는 더욱 공부에서 눈을 돌리려 애를 썼다.

점수가 내려가는 것을 보면서도 공부를 할 마음이 전혀 들지 않았다. 시간이 그냥 흘러가게 내버려두고 싶었다. 성적이 안 나오는 이유는 단지 공부를 안 해서라는 위안을 받고 싶었는지도 모른다. 그래서 더욱더 농구에 매달렸다. 농구를 하는 그 시간, 빠르게 뛰고 온 힘을 다해 점프하는 그 순간은 다른 것이 생각나지 않았다. 땀을 빼고 나면 공부할 기력도 없었다. 괜찮은 핑곗거리였다.

✦

나는 반 친구인 덕수를 꼬드겨 아침마다 일찍 학교에 나와서 농구를 했다. 농구를 하다가 손톱이 깨져도 발목이 삐어도 즐거웠다. 슛을 성공시킬 때는 희열을 느꼈다. 나도 무언가를 할 수 있는 사람처럼 여겨졌다. 성적으로 떨어진 자존감을 슛으로 만회하는 격이었다. 비록 공부는 못하지만 농구는 잘하는 애라고 인정받고 싶었는지도 모른다.

'훗, 녀석들아. 잘 보라고! 점프슛은 이렇게 하는 것이다!'

멋지게 슛을 성공시키고 나서 운동장을 지나 교실로 가는 애들을 힐끗 쳐다봤다. 그러나 아무도 나를 보고 있지 않았다. 텅 빈 운동장에서 벌어지는 쇼 따위는 관심 없다는 듯, 손에 들고 있는 단어장만 보며 걸어가고 있었다.

그때 내가 느낀 감정은 쪽팔림도 아니고 서운함도 아니다. 굳이 표현하자면 그건 소외감이었다. 농구공을 들고 있는 나와 단어장을 들고 있는 친구들. 누가 봐도 둘의 미래가 어떻게 달라질지 뻔했다. 저들 사이에 내가 속해 있지 않다는 사실에 외로웠다.

나는 알고 있었다. 지금 손에 들어야 하는 것은 농구공이 아니라 단어장이란 것을. 명문 고등학교에 와서 줄기차게 놀고 있는 나는 미운 오리 새끼였다. 외따로 떨어져 그들 사이에 속하고 싶으면서도 그러지 못해 치기를 부리고 있었다. 그럼에도 나는 쉬이 단어장을 집어 들지 못하고 하루 종일 농구공과 단어장 사이에서 헤맸다.

수학 25점, 꼴찌가 되다

그날, 야간 자율학습 시간에 나는 농구공을 버리고 와서 앉았다. 아직 갈피를 잡지는 못했지만 앉아서 공부하는 시늉이라도 해야 할 것 같은 기분이었다. 첫 모의고사에서 낭패를 본 후 한 번도 펼치지 않았던『수학의 정석』을 꺼냈다. 그리고는 학교에서 진도를 나가고 있는 부분을 펼쳤다.

식 전체에 절댓값이 있다면, 그래프의 x축 아랫부분을 x축에 대하여 대칭이동 시킨 그래프가 된다.

흠, 여러 번 읽어보니 무슨 말인지는 대강 알 것 같았다. 그런데 왜? 왜 그렇게 되는 거지? 아무리 생각해도 그 이유가 이해되지 않았다. 정석을 이리저리 넘겨 가며 뒤적여 봐도 알 수가 없었다. 설명대로 암기하고 문제를 풀어도 되겠지만 나는 그럴 수 없었다. 비록 중3 시절에나마 바짝 한 공부지만 수학은 암기만으로는 안 된다는 것을 알고 있었다.

수학은 원리를 이해하고 증명할 수 있어야 한다. 암기해서 대입해 푸는 것은 수학이 아니라 계산이다. 원리를 알아야 응용도 가능하고 심화도 풀 수 있다. 그래서 그 기본을 제대로 이해하고자 나는 끙끙거렸다.

하지만 야간 자율학습 시간 동안 나는 단 한 페이지도 진도를 나가지 못했다. 4시간 동안 그 부분만 계속 들여다보고 있었는데도 전혀 이해를 할 수 없었다. 완전히 패배자가 된 기분이었다.

자율학습을 마치는 종이 울리자 화가 머리끝까지 치밀어 올랐

다. 억울함과 분노가 섞인 한숨이 꾹 다문 입 대신 머리로 '쉬익' 하고 빠져나가는 느낌이었다. 이것도 못하면서 공부를 한다고 앉아 시간만 보낸 나 자신에 대한 실망감인지, 한 페이지도 못 넘긴 정석을 두 번, 세 번 곱씹는 애들에 대한 질투심인지, 한 줄의 설명과 연습문제로만 구성된 책에 대한 의구심인지 모를 일이었다. 하지만 한 가지는 확실하게 결심했다. 다시는 저 책을 보지 않으리라. 자율학습실을 나서며 반으로 찢은 정석 책을 쓰레기통에 던져 넣었다.

그 후로 나는 완전히 전의를 잃어버렸다. 그래도 시험 전이면 공부를 하는 척이라도 하고 교과서라도 들추어보았는데 기말고사를 앞두고는 그마저도 하지 않았다. 오히려 기말고사 전날 일요일에 당시 다니던 교회에서 개최한 수련회에 갔을 정도였다. 끝을 알면서도 방황을 멈추지 못했다.

그리고 기말고사 성적표를 받아든 날, 나는 끝을 보았음을, 가장 밑바닥에 있음을 실감했다. 모든 과목 점수가 고르게 최하였지만 수학은 특히 가관이었다. 평균 점수가 높았으니 난이도가 높은 문제들도 아니었다. 그때 내가 받은 수학 점수는 25점이었다. 보통 한 번호로 찍어도 30점은 넘으니 이건 찍은 것만도 못한 점수였다. 반에서 나보다 못한 학생은 없었다.

절벽 끝에서 시작한 공부

추락할 때는 추락하고 있다는 것은 느껴도 어디까지 떨어질지는 모른다. 어리석게도 바닥에 부딪혀서야 깨닫는다. 그곳이 어디인지. 기말고사 성적표를 보고서야 나는 어디까지 떨어졌는지, 아니 어디까지 되돌아왔는지 깨달았다. 내가 그토록 벗어나고자 했던 깊은 우물 속에 도로 갇히고 만 것이다. 허탈하기까지 했다. 그 얼마나 벗어나려 했던 곳인가. 이제는 벗어났다고 생각했는데 도돌이표라니.

고등학교에 입학한 후로 내가 받아든 숫자에 절망해 정작 중요한 것을 잊어버렸다. 그동안에는 왜 구미고등학교에 온 까닭이 무엇인지 떠오르지 않았을까. 우물에서 벗어나 내가 가보지 못한 세계로 가자고, 수평선 너머로 가보자고 결심하지 않았던가.

내게도 꿈이 있었다. 엔지니어가 되고 싶었다. 대회에서 입상할 정도로 설계도를 잘 그렸던 나는 훗날 유능한 엔지니어가 되어 내가 위치한 곳에서 꼭 필요한 사람이 되고 싶었다. 하지만 지금은 엔지니어는커녕 대학교조차 가지 못할 만큼 밑으로 떨어졌다.

✦

자괴감이라는 감정은 헤어날 수 없는 끈적끈적한 늪처럼 나를 끌어당겼다. 하루 종일 우울했다. 어쩌다 시험을 못 쳤다면 이렇게 우울하지는 않았을 것이다. 내가 우울했던 진짜 이유는 더 이상 나아질 수 없다는 절망감 때문이었다. 기적이 일어나지 않는 이상 앞으로도 나는 계속 이런 점수를 받아야만 할 것이다. 내가 지금 할 수 있는 일이라고는 그 피할 수 없는 사실을 그저 받아들이는 일뿐이라는 것이 무척 힘들었다. 앞으로 2년 이상 남은 고등학교 생활을 열등생으로 보내야 한다는 것이 끔찍했다.

나는 왜 이 세상에 존재하는 걸까? 그저 반 친구들의 등수를 올려주는 존재인 것인가? 단지 '밑에서 깔아주는' 존재란 말인가? 그게 내가 할 수 있는 일의 전부일까?

후회는 한꺼번에 몰려왔다. 내가 여기까지 올 수 있도록 헌신해 준 분들이 생각났다. 나와 동생을 위해 타지에서 고생하시는 어머니, 언제나 나를 믿어주신 어머니께 죄송했다. 어머니 대신 우리를 돌봐주고 한푼이라도 보태려 밭일을 하다 쓰러지신 할머니, 절실한 마음으로 진지하게 공부하라는 충고를 해주신 선생님의 얼굴도 떠올랐다.

그러나 그 누구보다도 '미래의 나'에게 가장 미안했다. 자기연민에 빠져 허우적대느라 일어날 생각을 안 했으니. 지금처럼 살면 훗날의 내가 어떤 모습일지 뻔했다. 그 책임은 오롯이 '지금의 나'가 져야 했다. 눈가가 축축해졌다.

✦

그런데 이상하게도 시간이 지나자 마음이 조금 차분해졌다. 더 이상 내려갈 수 없는 끝에 다다랐다고 생각하니 신기하게도 마음이 편안해졌다. 어지럽게 떠오르던 생각들이 하나로 모아지기 시작했다.

밑바닥까지 떨어졌으니 이제는 올라갈 일밖에는 없지 않겠는가? 내가 남들보다 늦었다는 것은 인정한다. 그러나 어쩌겠는가? 이렇게 계속 살면 십 년 후에는 후회 속에서 살아야 할 것이다. 지나간 시간은 할 수 없다. 그러니 이제부터라도 잘해보자는 생각이 들었다.

나는 이미 알고 있었다. 싸움에서 이기는 방법을. 그 옛날 흠씬 두들겨 맞으면서도 끝까지 싸우고 싸웠던 일이 떠올랐다. 뒤통수를 한 대 얻어맞은 것 같았다. 오늘 지면 내일, 내일도 지면 모레, 그렇게 계속 일어나면 되는데……. 그건 내가 정말 잘할 수 있는 일이었다.

긍정적인 생각이 들자 기운이 샘솟았다. 내가 싸워야 하는 건 공부였다. 대결의 대상이 또래에서 공부로 바뀐 것이라 생각하니 쉽게 느껴졌다.

'그래. 더 이상 의심하지 말자. 나는 할 수 있다. 될 때까지, 공부에 얻어터지면 내가 공부를 때려눕힐 때까지 대결해 보는 것이다.'

내 생애 가장 절망한 날, 나는 굳은 결심을 했다.

네가 공부하는 방법이 왜 궁금해?

다시 공부하겠다고 마음먹었지만 뭘 어떻게 해야 할지는 막막했다. 공부하는 방법을 알아야 제대로 공부할 수 있을 텐데, 중학교에서 했던 식으로는 어림없고 고등학교 와서는 하지도 않았으니 막막한 것은 당연했다. 잠시 학원을 보내달라고 해볼까 생각했지만 이내 단념했다. 어머니에게 짐을 더 얹어드릴 수는 없었다. 나는 고민하다가 결국 창진이의 도움을 받기로 했다.

"이창진, 어떻게 하면 공부 잘하냐?"

사실 이전에도 창진이에게 이런 질문을 던진 적이 있었다. 대부분 쉬는 시간에도 공부만 하는 것이 신기해 장난스레 던진 질문이었다. 창진이 역시 실없는 질문임을 알기에 피식 웃거나 공부 방해하지 말라고 말하며 다시 문제집을 향해 고개를 숙이곤 했다.

하지만 이날의 내 목소리는 약간 떨렸다. 장난을 친 전과가 있기에 혹시 으레 하는 장난으로 받아치면 어쩌나 걱정이 되었다. 사뭇 긴장한 나를 창진이는 잠시 멀뚱멀뚱 바라보았다. 그 어느 때보다 진지하고 간절하다는 것을 알았던 것 같다. 창진이는 잠시 생각하더니 차분한 어조로 말했다.

"음. 너는 방법을 몰라서 공부를 못하는 게 아니라 단지 공부를 안 하고 있는 거잖아."

무슨 말이지? 나는 창진이의 대답을 쉽게 이해할 수 없었다. 공부를 못하는 게 아니라 안 하는 거라니! 무슨 뜻인지 곰곰이 생각하고 있는 나에게 창진이가 다시 말했다.

"너 말이야. 제대로 끝까지 다 푼 문제집이 한 권이라도 있어?"

"…… 아니, 없어."

"거봐, 공부를 하지도 않았으면서 무슨 공부 방법을 묻고 그래? 아무 문제집이나 한 권이라도 제대로 끝까지 풀어봐. 그러면 공부 방법은 저절로 알게 돼. 만약 그때도 모르겠으면 다시 나한테 와. 공부 방법은 그때 자세히 말해줄 테니."

창진이의 대답을 듣자 갑자기 머리가 쪼개지는 느낌이 들었다. 그것은 일종의 깨우침이었다.

✦

'그래, 창진이 말대로 이제껏 문제집 한 권 제대로 끝까지 푼 적이 없네. 공부를 제대로 해본 적도 없으면서 방법부터 고민하고 있었구나. 그래 일단 시작해 보자. 하다가 막히면 그때 창진이에게 물어보자.'

솔루션을 듣자마자 나는 몸이 근질거렸다. 한시라도 빨리 문제집을 사서 시작하고 싶었다. 학교 밖 서점에 가려면 점심시간에나 갈 수 있었지만 그때까지 기다릴 여유가 없었다. 3교시가 끝난 후 쉬는 시간에 나는 담장을 넘어 서점으로 달려갔다. 평소라면 3교시 끝나고나 4교시 끝나고나 별 차이 없었겠지만 그날은 달랐다. 새로운 시작을, 그 설렘을 빨리 느끼고 싶었다.

"아저씨, 고등학교 1학년 수학 문제집, 애들이 제일 많이 보는 걸로 하나 주세요. 정석은 말고요."

그때 서점 아저씨가 내민 문제집이 『개념원리 수학』이었다. 그것을 사들고 교실로 돌아와 첫 장을 펼쳐 읽기 시작했다. 재미없고 지겨울 줄 알았는데 의외로 재미있었다. 뭔가를 알아가는 것이 이렇게 재미있는지 미처 몰랐다. 한 문제씩 풀릴 때마다 성취감이 온몸을 짜릿하게 훑고 지나갔다. 그날을 시작으로 나는 첫 페이지부터 마지막 페이지까지의 모든 내용을 꼼꼼히 읽었고, 모든 문제를 빠짐없이 풀어나갔다.

그건 아무도 시키지 않은 '나의' 공부였다. 내가 하고 싶어서, 이전과는 다른 내가 되어 보고 싶어서 시작한 공부였다. 그러니 책을 손에서 놓을 수가 없었다.

경쟁자가 아닌 페이스메이커

창진이가 가르쳐준 수학 문제 중에 아직까지 기억에 남아 있는
것이 있다.

$$\frac{3}{\sqrt{3}} = \sqrt{3}$$

아무리 생각해도 왜 $\sqrt{3}$이라는 결과가 나오는지 알 수가 없었
다. 아주 쉽고 단순한 계산 문제였는데 그때의 나는 이게 그렇게
어려웠다. 창진이에게 물어보니 이렇게 대답했다.

"좌변에서 분모 분자에 똑같이 $\sqrt{3}$을 곱해봐. 그러면 분모는 3이 되고, 분자는 $3\sqrt{3}$이 되지? 그리고 나서 똑같이 3을 약분한 거야."

아하! 설명을 듣고 나니 '이런 단순한 과정을 왜 나는 몰랐지?'라는 생각에 부끄러워서 얼굴이 빨개졌다. 고맙다고 말하고 일어서려는데 갑자기 창진이가 내 팔을 잡더니 나를 다시 의자에 앉혔다.

"잠깐만, 아직 안 끝났어. 그런 풀이도 있지만 다른 풀이도 있어. 우변과 좌변에 똑같이 $\sqrt{3}$을 곱해봐. 그러면 등호가 성립하잖아!"

아하! 그리고 보니 그렇게도 풀 수 있겠다는 생각이 들었다. 나는 녀석의 성실함에 감탄했다. 자신의 공부 시간을 할애해서 나를 최대한 도와주려는 그 마음이 너무 고마웠다.

"고마워, 창진아. 모르는 거 있으면 또 물어볼게."

그렇게 말을 하고 일어서려는데, 또다시 창진이가 내 팔을 잡는 것이 아닌가?

"잠깐, 더 들어봐. 또 다른 방법을 가르쳐줄게. 이게 제일 쉬울 것 같아. 분자에 있는 3은 $\sqrt{3}$을 두 번 곱한 거지? 그러면 분모와 분자에 똑같이 $\sqrt{3}$이 있는 셈이니까 바로 약분을 하면 돼. 그러면 이렇게 $\sqrt{3}$이라는 결과가 나오잖아."

"아……."

갑자기 눈에서 눈물이 차오르는 것 같았다. 중학생도 아는 단순한 수식을 세 가지 방법으로 가르쳐주는 창진이. 그 성실함과 진지함……. 초등학교 때부터 창진이를 알았지만 이제야 창진이가 입학 이래로 전교 1등을 놓치지 않는 이유를 알 것 같았다.

그날 마지막에 들려준 창진이의 조언을 여기에 덧붙인다. 오늘날에도 앞으로도 유효한 조언이다.

"수학 문제를 풀 때는 풀었다고 해서 바로 넘어가지 말고 또 다른 방법은 없는지, 더 쉬운 방법은 없는지 항상 생각해 보도록 해. 그래야 실력이 빠르게 늘어."

내가 뭐라고 이렇게까지 해주는 걸까. 고맙다는 생각은 점점 존경하는 마음으로 바뀌었다. 나는 책을 덮고 일어섰다. 창진이는 어느새 자신의 공부에 다시 열중하고 있었다.

◆

공부를 하다 보면 누구나 가끔은 외로워진다. 공부란 것이 결국 혼자만의 싸움이기 때문일 것이다. 누구도 대신해 줄 수 없다. 스스로 해야 한다. 나를 둘러싼 모든 것을 잊고 눈앞의 문제에만 집중해야 한다.

그러다 보면 피할 수 없는 외로움이라는 감정이 나를 찾아온

다. 아니, 고독이라는 표현이 더 적절할 듯하다. 마치 아무도 없는 사막 한가운데서 혼자 오아시스를 찾는 것 같은, 그런 느낌. 하지만 그런 때에도 같은 목표를 가지고 같은 길을 걷는 친구가 있다면 이렇게 든든한 법이다.

책에서 눈을 떼지 않으면
공부는 저절로 된다

겨울방학이 되자 대부분의 친구들은 학원에 갔다. 다음 학기 선행 학습을 하기 위해서란다. 나는 학원에 다닐 만큼 넉넉한 형편도 아니었지만 학원에 간다고 공부를 잘하게 될 것 같지는 않았다. 선생님이 머리에 넣어주는 내용을 듣고 본다고 다 이해되는 것도, 내 것이 되는 것도 아니기 때문이다.

그렇다고 사설 독서실을 가자니 그것 역시 돈이 드는 일이었다. 게다가 대부분의 독서실이 어두컴컴했는데, 나는 그 어두운 분위기가 왠지 싫었다. 마치 내가 우울한 곰팡이가 되어가는 기분이 들었다. 하지만 집에서는 긴장이 풀어져 공부가 안 될 것이 뻔했다. 어디든 공부할 장소를 정해야만 했다.

✦

1학년 겨울방학, 나는 공부할 장소로 시립도서관을 택했다. 공부하는 장소와 쉬는 장소는 반드시 구별해야 한다. 예를 들어 집에서 밤늦게까지 공부하는 것은, 몸은 편할지 몰라도 별로 좋은 공부 방법이 아니다. 공부에 있어서 적절한 긴장감은 필수다. 그리고 그 긴장감은 공부하는 장소의 영향을 크게 받는다.

집은 쉬는 곳이고 잠을 자는 곳이다. 집이 주는 안락함에 길들여진 우리의 뇌는 집에 들어오는 순간 온몸에 '긴장을 풀라'는 명령을 내린다. 그렇게 풀어져 버린 몸과 정신을 추스르고 책상 앞에 앉아 집중하기란 여간 쉽지 않다. 집중을 해도 오래 유지하기가 어렵다. 그러면 공부의 맥이 자주 끊기고, 결국 효율성이 크게 떨어진다.

시립도서관이 공부하기에 좋은 이유는 너무나 많다. 일단 무료다. 게다가 공부를 하다가 지치면 종합자료실로 가서 이런저런 책을 빌려 읽을 수도 있다. 가끔 몸이 찌뿌듯하면 도서관 주위를 산책할 수도 있으니 최적의 공부 장소가 아닌가?

도서관에는 공부하러 오는 사람들이 많다. 나는 그게 가장 마음에 들었다. 공부하는 분위기가 충만한 곳에 있을 때 나도 공부가 잘되기 때문이다. 많은 사람들이 들락날락하고 시끄러워서 공부하기에 적절하지 않은 장소라는 이들도 있다. 그러나 나는 약간의 소음이 있는 도서관에서 공부하는 것이 각종 전자 기기와 언제든 누울 수 있는 침대가 있는 자기 방이나 어두컴컴한 사설 독서실에서 음악을 들으며 공부하다가 책을 베개 삼아 잠드는 것보다는 훨씬 낫다고 생각한다.

도서관에서 들려오는 약간의 소음은 집중력을 기르는 데 많은 도움이 되기도 한다. 조용한 환경에서만 공부한 사람은 작은 소리만 들려도 집중하지 못한다. 그런 학생들은 시험을 치르면 원래 실력보다 점수가 낮게 나오는 경향이 있다. 그들이 성적이 오르지 않는 원인은 문제집을 덜 풀어서도 아니고 실수가 잦아서도 아니다. 집중력이 약하기 때문이다. 집중하기 위해 조용한 환경만 찾아다닌 것이 오히려 집중력을 약하게 만든 것이다.

공부의 기본은 같다

내가 도서관에 가서 처음으로 한 훈련은 '책에서 눈을 떼지 않기'였다. 예를 들어 앞에 앉은 사람이 필통을 떨어뜨릴 경우 깜짝 놀라더라도 책상에서 고개를 떼지 않으려고 노력했다. 열람실 밖에서 누군가 큰 소리로 소리를 질러도 절대 출입구 쪽을 쳐다보지 않으려고 의도적으로 노력했다. 집중하는 척이라도 하면 실제로 집중력이 길러진다.

1학년 겨울방학 내내 나는 매일같이 도서관에 나갔다. 가방 속에는 항상 『개념원리 수학』이 있었다. 개념원리를 보다가 이해하기 힘든 부분이 나오면 바로 중학교 수학책을 펼쳤다. 고등학교 1학년 수학에서 배우는 내용의 대부분이 중학교 과정의 심화였기 때문이다.

그래서 개념원리를 봐도 이해가 안 가면 중학교 과정을 본 후 고등학교 과정으로 돌아와서 문제를 풀었다. 그 방식은 매우 효과적이었다. 기초가 탄탄히 잡히니 풀리는 문제도 더욱 많아졌다.

영어는 처음에는 단어를 몰랐기 때문에 해석을 제대로 할 수 없었다. 그렇다고 단어 책을 사서 외우자니 너무 지겨웠다. 그래서 내가 선택한 방법은 '선 해설 후 문제' 방식이었다. 문제집 뒷부분의 답지를 펼친 후 해석을 한 줄 먼저 보고 영어 지문을 읽는 방식이었다. 이렇게 계속 공부를 하니 점점 영어 표현이 익숙해졌다.

나의 공부 장소와 방법은 오늘날의 환경에 맞지 않을 수도 있다. 그럼에도 그 시절의 이야기를 쓴 것은 '기본'이 같기 때문이다. 집중력을 발휘해 공부할 수 있는 공간을 마련하고, 돌발 상황에서도 집중할 수 있는 훈련을 하고, 기초 개념을 탄탄히 하기. 남이 좋다는 방법 말고 내게 좋은 방법을 찾으면 공부의 기본이 갖춰진다.

숨을 쉬는 동안 1분 1초도 쉬지 않고

고등학교 2학년이 되던 해, 대한민국은 어딜 가나 장승수 씨 이야기가 화제였다. 장승수 씨는 어려운 가정 형편에 공부는 일찌감치 포기하고 당구장을 돌아다니며 싸움꾼으로 고교 시절을 보냈다. 학교를 졸업하고는 막노동판을 전전하며 가족의 생계를 책임져야 했다. 물수건과 가스통을 배달하고 포클레인을 운전하는 등 험한 일은 안 해본 게 없단다.

어느 날, 그러던 그에게 공부에 대한 열망이 열병처럼 찾아왔다. 그때부터 공부에 모든 것을 걸기로 결심했다. 하지만 공부도 돈이 있어야 하는 법. 5~6개월 열심히 노동하고 번 돈으로 공부하고, 돈이 떨어지면 다시 일해 공부할 돈을 모으기를 반복했다. 실패를 거듭했지만 그는 포기하지 않았다. 수능 성적으로만 입시를 치를 수 있게 된 그해, 장승수 씨는 결국 서울대학교 전체 수석으로 법학과에 입학했다.

당시 나는 나름대로 마음을 다잡고 공부를 열심히 하고 있었지만 그 결과가 어떨지는 확신할 수 없었다. 솔직히 경북대학교에 붙기만 해도 감지덕지일 것 같았다.

그러나 장승수 씨의 이야기를 듣고 목표를 바꾸었다. 기왕 공부를 시작한 김에 나도 우리나라 최고의 대학이라는 서울대에 합격해야겠다는 생각이 들었다. 더군다나 나는 공부에만 매진할 수 있는 학생 신분이었다. 공부할 돈을 마련해야 했던 장승수 씨에 비하면 얼마나 좋은 환경인가? 밑바닥에서부터 시작해 노력과 근성만으로 서울대 수석까지 치고 올라간 장승수 씨는 그렇게 나의 멘토가 되었다.

사실 그간 읽었던 합격 수기들은 내게 아무런 감동도 주지 못했다. 그들은 하나같이 어릴 때부터 공부를 잘했고 가정환경도 풍족했다. 초등학교 때부터 과외와 학원으로 무장하여 특목고에 입학한 후 서울대나 미국 명문 대학에 가는 엘리트 코스는 나와는 거리가 멀었으니, 나의 멘토로 삼을 수가 없었다.

나처럼 공부를 못하고 집안 환경도 어려운 학생은 어떻게 공부해야 성공하는가? 그리고 어디까지 성공할 수 있을까? 장승수 씨는 나에게 그런 '성공 모델'이 되기에 충분했다. 그가 어떻게 공부했는지는 그다지 중요하지 않았다. 어쨌든 성공했다는 그 사실이 가장 중요했다. 나와 비슷한 환경의 그가 성공했다면, 나 역시 그처럼 성공할 가능성이 있다는 말이니까.

◆

　할 수 있다는 생각이 들었다. 이제부터는 숨을 쉬는 동안은 1초도 쉬지 않고 공부를 하겠다는 각오를 했다. 그러자 공부에 엄청난 가속도가 붙기 시작했다. 아침에 일어나서 자명종을 끄자마자 영어 듣기 테이프가 들어 있는 카세트를 틀었다. 그것을 들으면서 머리를 감고 밥을 먹었다. 버스 정류장으로 가는 산길을 따라 내려오면서는 단어를 외웠다.

　학교로 가는 버스 안에서는 수학 문제를 풀었다. 쉬는 시간은 물론이고 수업 시간 중 선생님께서 농담이라도 할 때면 언제나 필기가 적혀 있는 수첩을 펼쳤다. 그렇게 나는 아침에 눈을 뜬 후 밤에 눈을 감기까지 머릿속의 모든 생각을 공부로만 채우려고 노력했다.

책상에 앉아서 책을 펼쳐 놓고 있는 시간만이 공부하는 시간이 아니라 언제 어디서든 공부에 관한 생각을 하고 있다면 그 시간은 모두 공부 시간이라는 장승수 씨의 말에 나는 백 퍼센트 공감했다. 그래서 그 말을 최대한 실천하려고 애썼고, 결국 모든 공부 일과를 습관으로 만들었다.

그렇게 공부만 생각하고 공부만 했다. 그랬더니 2학년이 되어 치른 4월의 수능 모의고사에서 전교 56등이라는 결과를 받았다. 최하위권에서 4개월 만에 중상위권으로 뛰어오른 것이었다. 이대로라면 그 들어가기 어렵다는 서울대도 정말 합격할 수 있을 것만 같았다. 나는 자신감이 차올랐고, 그 자신감은 또다시 공부에 집중할 수 있는 원동력이 되었다.

공부는
코스모스와 같은 것

나는 코스모스를 가장 좋아한다. 집으로 돌아가는 길에 흐드러지게 피어 있던, 들판에는 흔하지만 꽃집에는 없는 꽃. 코스모스는 얻고자 하는 마음만 있다면 들판에서 쉽게 찾을 수 있지만, 돈으로 살 수는 없다. 코스모스를 얻기 위해 필요한 것은 돈이 아니라 직접 찾아가는 성의다.

포장지에 곱게 싸인 장미나 화분 위에 새초롬하게 올라선 꽃들은 언제 어디서나 손쉽게 구할 수 있다. 하지만 길을 따라 바람에 나부끼는 코스모스, 제각각의 고운 색을 뽐내며 마음을 흔드는 코스모스는 자신을 찾아오는 수고와 정성을 마다하지 않는 사람에게만 스스로를 내어준다.

내게 공부는 길가에 핀 코스모스와 같았다. 성적은 돈으로 살 수 없고 정성과 노력을 기울여야 결실을 맺을 수 있다. 공부란 멀리 있는 것이 아니다. 유명 학원 강사의 수업을 들어야만 성적이 오르는 것도 아니고, 명문 대학교 학생의 과외를 받아야만 깨우칠 수 있는 것도 아니다. 이곳저곳을 기웃거리며 초조한 마음으로 성적을 올려줄 뭔가 특별한 것을 찾는 사람은 마치 꽃집에서 코스모스를 찾는 것처럼 의미 없는 노력을 하고 있는 셈이다.

공부의 비결은 의외로 가까이 있다. 그것은 학교 수업 시간 속에, 바로 눈앞에 있는 책 속에 있다. 절대 초조해하지 말고 진지한 마음과 차분한 기분으로 책을 펼치자. 그리고 내 눈앞에 있는 내용이 그렇게 어렵지 않으며 나는 반드시 이해할 수 있고, 머릿속에 체계적으로 입력할 수 있다는 믿음으로 공부를 시작한다면 공부란 의외로 쉽다는 것을 누구나 깨닫게 될 것이다.

물론 의욕이 생기지 않을 때도 있다. 그럴 땐 '목표'를 떠올리자. 어떤 목표를 가지고 그 일을 하느냐에 따라 의욕뿐만 아니라 결과도 달라지기 때문이다. 나도 그랬다. 이소희 선생님의 충고가 계기가 되어 처음으로 목표가 생기자 공부를 해야 하는 이유가 절실해졌고 의욕도 충만해졌다. 그러자 공부가 쉬워지고 속도가 붙었다. 예전에는 공부를 시작하는 것이 괴로웠는데 의욕이 생기고 나니 책장을 넘기는 것이 그렇게 즐거울 수가 없었다.

내가 살고 싶은 인생을 구체적으로 계획하면 눈앞에 있는 공부의 의미가 달라진다. 그래, 이건 다른 누구를 위해서가 아니다. 바로 나 자신을 위해서다. 책장이 한 장 넘어갈 때마다 그만큼 나도 내 꿈에 가까워지는 것이다. 내가 살고 싶은 인생을 살기 위한 공부는 지겨운 암기도 참게 해주고, 어려운 문제도 끈기를 가지고 도전할 수 있게 해준다.

공부가 힘들 때마다 내가 왜 공부를 해야 하는지를 생각하자. 지금 공부하고 싶은 의욕이 생기지 않는다면 이렇게 말해주고 싶다.
'공부를 시작하기 전마다 1분만 눈을 감고 앞으로 자신이 되고 싶은 모습을 상상해 보라.'
단순히 해야 하니까 하는 공부와 상상 속의 내 모습을 현실로 만들기 위해서 하는 공부는 정말 하늘과 땅 차이이다.

3장

공부하는
지금 이 순간의
즐거움

"공부를 열심히 한다고 말하면서

공부 외의 다른 것에서 즐거움을 얻는다면,

공부에 주어야 할 시간을 그것에 할애하고 있다면,

사실 그 사람은 공부를 열심히 하는 것이 아니다.

단지 '공부도' 하고 있는 것일 뿐."

빠르게 성장하는 공부의 비결

다시 공부를 시작했을 때 나는 기초가 하나도 없었다. 그런 상황에서 가장 어려웠던 점은 바로 수업을 따라가기가 힘들다는 것이었다. 공부를 잘하려면 크게 두 가지 원칙을 지켜야 한다. '수업에 집중하기'와 '기초부터 차근차근 공부하기'. 그러나 공부를 늦게 시작한 나는 두 원칙을 동시에 지킬 수가 없다. 학교 수업이 이미 기초를 넘어선 단계까지 나가 있었으니까.

내가 선택할 수 있는 방법은 두 가지였다. 하나는 수업을 따라가는 것을 포기하는 대신 계획을 세워 처음부터 차근차근 공부하기. 다른 하나는 수업을 어떻게든 따라가려고 애쓰면서 이미 지나가 버린 진도와 기초는 따로 시간을 내어 보충하기.

나는 둘 중 하나만 잡기보다는 둘 다 잡아야겠다고 생각했다. 물론 무모한 결정이었다. 머리도 그다지 좋지 못한 내가 예습과 복습을 하면서 이미 지나가 버린 진도까지 공부하기에는 시간이 턱없이 부족했다. 그런데 왠지 나는 할 수 있다는 자신감이 있었다. 오기였다는 표현이 더 정확할지도 모르겠다. 만약 시간이 모자라면 1초를 열 번 나누어 쪼개 쓰더라도 어떻게든 해내겠다고 각오했다.

돌이켜보면 두 번째 방법을 선택하길 정말 잘했다. 이 방법이 훗날 이어진 빠른 성적 향상의 발판이 되었기 때문이다. 지금 이해가 안 된다고 수업을 포기하면 졸업할 때까지 학교 진도를 따라가지 못할 것이라는 생각이 들었다. 그러니 아무리 괴롭더라도 충실한 예습, 복습으로 현재의 수업을 최대한 받아들이려고 노력하는 것이 나았다. 이미 지나간 내용은 남은 시간을 이용해서 어떻게든 보충하겠다고 마음먹었다.

아침 자습 시간과 야간 자율학습 시간에는 오로지 수업 준비만을 했다. 국·영·수 같은 주요 과목뿐 아니라 암기 과목도 준비했다. 수업 전에 최소한 한두 번은 미리 훑어보려고 노력했다. 그래야 기억에 오래 남기 때문이다.

예습과 복습을 꾸준히 하면 전체 공부 시간은 훨씬 줄어든다. 수업 전에 한 번 훑어보고, 수업을 듣고, 그날 자습 시간에 복습을 하면 같은 내용을 하루에 세 번 보게 된다. 그러면 웬만한 내용은 머릿속에서 체계가 잡혀서 저장된다. 물론 다음 날 일어나면 또다시 잊어버린 것 같겠지만, 시험 기간 때 다시 집중해서 들여다보거나 외워 보면 의외로 쉽게 되살아난다. 그게 반복의 힘이고 예습, 복습의 힘이다.

쉬는 시간이나 식사 시간 등의 자투리 시간에는 부족한 기초를 공부했다. 예를 들어 지금 학교 수학 진도가 수열 단원이라고 치자. 수열 문제를 풀다가 저학년 때 배우는 '직선의 방정식'에 대한 기초가 부족하다는 것이 드러났다면 자투리 시간을 이용해 직선의 방정식 단원을 꼼꼼히 풀어보는 것이다. 개념원리의 해당 단원을 풀어보거나 필요하다면 중학교 교과서라도 꺼내서 해당 부분을 차근차근 읽고 연습문제들을 모두 풀어보았다.

참는 단계를 지나면 찾아오는 것

처음에는 공부해야 할 것이 산더미 같았다. 웬만한 것들은 다 몰랐으니까. 그러나 참고 꾸준히 했다. 이 단계에서 가장 중요한 것은 공부법이 아니라 참을성이다. 많은 학생들이 참는 단계에서 실패한다.

"공부가 정말 이렇게 힘든 거라면 나는 도저히 못 할 것 같아"라는 말이 이때 나오게 된다. 공부해야 할 양이 너무 많게 느껴져서 그냥 포기하고 싶은 것이다. 물론 나도 그런 과정을 거쳤으니 그 심정이 백 퍼센트 이해가 된다. 그 과정을 빠져나온 내가 해줄 말은 한 가지뿐이다.

그래도 참아라. 당장은 괴롭겠지만 그 기간은 절대 오래 지속되지 않는다. 계속 공부를 하다 보면 신기하게도 점점 공부할 양이 줄어든다. 내가 공부해야 할 전체의 양을 보지 말라. 그러면 압박감이 느껴지고 공부가 힘들어진다. 단지 오늘, 지금 이 시간에 해야 할 부분만 의식하면 공부를 쉽게 할 수 있다.

공부한 부분을 기록하는 습관은 이 기간을 좀 더 쉽게 통과하는 데 많은 도움이 된다. 나는 부족한 기초를 다지기 위해 들춰본 저학년 교재에는 반드시 표시를 해두었다. 그러니까 직선의 방정식을 풀어본 뒤에는 한 번 풀어봤다는 뜻으로 책의 목차 옆에 X 표시를 했다. 만약 시간이 지난 뒤 또다시 그 부분이 가물가물해지고 여전히 기초가 잡혀 있지 않은 것 같으면 해당 부분을 반복해서 풀었다. 그러면 이번에는 X 표시가 두 개 생기는 것이다. 그렇게 나는 한 권의 책을 여러 번 반복해서 보았고 필요한 부분만 골라서 풀었다.

이렇게 공부하니 학교 수업을 충실히 따라가면서도 내게 부족한 부분을 빠르게 채울 수 있었다. 지금 생각해도 그때 공부 방법을 올바르게 세웠고, 노력도 충분히 했던 것 같다.

세상은 불공평하고 가혹했지만 공부는 그렇지 않았다. 2학년 1학기의 마지막 시험에서, 나는 태어나서 처음으로 1등이라는 것을 해보았다. 수학에서 25점을 받고 꼴찌를 한 지 불과 한 학기만의 일이었다.

하루라도 공부만 할 수 있다면

1등의 기쁨을 만끽할 새도 없이 집안 사정은 더욱 나빠져만 갔다. 외할머니는 날이 갈수록 쇠약해졌다. 75세라는 연세에도 고등학생 둘을 뒷바라지했으니 얼마나 고단하셨을까. 걷는 것조차 힘겨워하시더니 결국에는 하루 종일 누워계시게 되었다.

기력도 기력이지만 몇 달 전 완전히 이혼 도장을 찍은 어머니 일로 상심이 큰 탓도 있었다. 아무리 떨어져 산 세월이 수년이라 해도 이혼은 또 다르다. 그것만으로도 충분히 정신적 충격이 컸는데 엎친 데 덮친 격으로 불행이 물밀듯이 몰려왔다. 한 달에 5만

원이던 집세조차 낼 수 없는 형편이 된 것이다.

당시 어머니는 은행 대출로 커피숍을 운영했다. 하지만 장사가 되지 않아 운영을 하면 할수록 빚이 늘 정도였다. 적자를 면치 못하자 여기저기 빚을 내어 어떻게든 생계를 꾸리려 했지만 종국엔 가게를 정리할 수밖에 없었다. 그리고 어머니는 빚쟁이들을 피해 모습을 감췄다.

✦

빚쟁이들이 어머니를 찾아 우리가 사는 집까지 왔다. 덕분에 밤마다 우리 가족은 언제 끝날지도 모르는 공포 속에서 떨어야만 했다. 그들은 어머니가 어디에 있는지 우리는 알지 않냐며 무섭게 다그쳤다. 금방이라도 죽일 듯한 눈빛으로 내 멱살을 잡고 흔드는 사람들에게 '진짜로 모른다'는 말밖에 할 수 없는 괴로움에 몸이 떨렸다.

세상에서 가장 더러운 것을 보는 듯한 그들의 시선을 감당하는 것은 참기 힘든 일이었다. 그러나 편찮으신 외할머니와 어린 여동생이 저항도 하지 못하고 괴롭힘을 당하는 것을 지켜봐야만 하는 괴로움에 비할 바는 아니었다.

그들은 학교까지 찾아와 나를 불러냈다. 때로는 어르고 달래면서, 때로는 죽이겠다고 협박하면서 어머니가 어디 있는지 말하라고 했다.

그렇게 그들에게 시달리다 교실로 되돌아가는 길에 나는 내가 절실히 원하는 것이 무엇인지 깨달았다. 전교권 안에 들거나 명문 대학교에 우수한 성적으로 합격하는 것보다 더욱 간절히 원하는 게 있다는 것을 그제야 알게 된 것이다.

바로 마음 편하게 오로지 공부만 할 수 있는 삶을 누리는 것이었다. 단 하루만이라도 나를 찾는 이 없이, 아무런 신경 쓸 것도 없이 오직 책 속에 빠져 지식의 세계에 자신을 온전히 담금질하는 그런 시간을 가져보고 싶었다. 그러나 그건 지금의 나에게는 절대 허락되지 않는, 너무나도 사치스러운 시간이었다.

—

흩어지는 가족

—

앞으로 어떻게 살아야 할지 막막했다. 바싹 마른 할머니의 얼굴에 깊이 패인 주름을 보니 마음이 하염없이 무거워졌다.

'나와 동생만 아니라면 외할머니는 공기 좋은 곳에서 혼자 편히 사시거나 다른 자식들 집에서 느긋하게 지내실 텐데……. 우리 때문에 이리 고생하시는구나.'

더 이상 할머니를 희생시킬 수는 없었다. 결국 나는 여러 날 고민한 끝에 아버지가 계신 부산으로 가기로 결정했다.

스스로 한 결심이었어도 7년 반 동안 함께 살면서 정이 든 외할머니와의 이별은 견디기 어려웠다. 가장 힘들었던 시절의 모든 날들을 옆에서 지켜주셨던 외할머니…… 어쩔 수 없이 떠나야 했지만 떠날 자신이 없었다.

나와 동생이 부산으로 내려가기 전날 외할머니는 편찮으신 몸을 이끌고 삼겹살을 사와 구워주셨다. 1등을 하던 날에도 고기반찬을 먹기 어려웠던 형편이었으니 그 삼겹살이 얼마나 귀한 것인지 잘 알았다. 하지만 이것이 외할머니와의 마지막 식사라는 생각에 좀처럼 넘어가지 않았다.

고기 몇 점을 먹는 둥 마는 둥 먹먹한 식사를 이어가고 있을 무렵 적막을 깨고 전화벨이 울렸다. 내가 다니던 교회에 나오는 형이었다. 그는 나와 동생이 부산으로 가게 되었다는 소식을 들었다고 했다. 그리고 교회 학생들이 이번 주 일요일에 환송식을 해줄 것이라고 전해왔다.

나는 도저히 갈 마음이 생기지 않았다. 마음이 불편했기 때문이었다. 아니 불편했다기보다는 지쳐 있었다는 말이 정확한 것 같다. 환송이든 배웅이든 그게 다 무슨 소용이냐는 생각밖에 들지 않았다. 4년 동안 매주 꼬박꼬박 다녔던 교회였지만 나는 그들이 베풀어주는 온정을 피했다.

나는 가난이 주는 비참함에 허덕이고 있었다. 가난하다고 해도 가족과 함께 살고 있다면 그건 가난한 것이 아니다. 진짜 가난은 사랑하는 가족들을 이리저리 찢어놓는다. 뿔뿔이 흩어지게 만든다. 그리고 세상을 긍정적으로 바라보지 못하게 만들고, 자신을 둘러싼 환경을 원망하게 만든다. 그게 가난의 진짜 비참함이다.

나는 성인군자도 아니고 고뇌와 번뇌를 모두 벗어버린 수도승도 아니었다. 그저 놀고 싶고 좋은 환경에서 자라고 싶은 평범한 고등학교 2학년에 불과했다. 세상에 대한 원망으로 가득 찼던 나는 도저히 그 자리에 나가서 신도들의 배웅에 감사를 표할 자신이 없었다.

다시 공부할 수 있다면

부산 아버지 집에 가니 웬 여자가 우리를 맞이했다.

"아이고, 네가 철범이구나. 어서 와라. 고생 많았다."

잠시 어안이 벙벙했지만 나는 금세 이게 어떤 상황인지 알 수 있었다. 이분은 아마 새어머니겠지. 아버지는 혹시나 내가 새어머니라는 존재를 불편해할까 봐, 그래서 부산으로 내려오지 않을까 봐 걱정했던 것 같다. 그래서 재혼했다는 사실을 여태껏 나에게 얘기하지 않았던 것이리라.

부모님의 이혼 소식을 들은 것이 불과 몇 달 전이다. 외할머니와 이별한 것이 불과 몇 시간 전 일이다. 이 사실만으로도 벅찬데 이제는 새어머니의 존재까지 받아들여야 하고 새로운 환경에 적응해야만 하는 것이다.

아버지가 "새어머니와 함께 사는 것이 불편하지는 않겠냐"는 형식적인 말 한마디만 건네주었다면 그토록 화가 나지는 않았을 것이다. 재혼했다는 중요한 사실을 아버지 집에 와서야 알게 되었다는 점만 해도 그렇다. 물론 새어머니가 있다는 것을 알았더라도 나는 부산으로 내려왔을 것이다. 딱히 갈 데가 없었으니까. 그렇지만 내가 판단을 하는 데 필요한 사실을 아버지가 알려주지 않았다는 점이 화가 났다.

그 후로도 아버지는 계속 통보식이었다. 나와 관계된 모든 일을 혼자 처리하고는 나에게는 일방적으로 결과만 알렸다. 상의란 것은 일절 없었고 내가 직접 선택하고 행동하도록 허락하지도 않았다.

어머니는 내가 스스로 무엇이든 할 수 있기를 바랐다. 초등학생 때 혼자 비행기 타는 법을 알려줄 정도였다. 방법은 자세히 가르쳐줄 테니 실천은 네가 직접 해보라는 것이 어머니의 교육 철학이었다. 내가 무언가를 해야 한다면 미리 상의를 하셨고 언제나 내 결정을 존중해 주셨다.

어머니 덕분에 주체적으로 살아온 나는 아버지의 방식에 동의할 수 없었다. 그래서 사사건건 부딪쳤다. 큰소리가 오가고 물건들이 부서지는 날이 반복되며 집안 분위기는 험악해졌다. 부산에 온 지 불과 한 달밖에 되지 않았을 때 아버지는 당신 방식을 따르지 않으려면 나가라고 소리쳤다.

✦

당장에라도 어머니나 외할머니에게 돌아가고 싶었다. 그러나 외할머니에게 돌아간다 해도 무슨 돈으로 어디에서 살 것인가? 고시원에서 살면서 학교가 끝나면 아르바이트를 할까? 아니면 고등학교를 자퇴하고 일을 할까? 머릿속이 너무나 복잡했다. 어차피 이렇게 될 거 나는 왜 그렇게 열심히 공부했을까? 공부고 뭐고 이제 와서는 아무 소용도 없지 않은가?

그렇게 고민하고 있을 때 외할머니에게서 전화가 왔다. 수화기에서 들리는 말은 차마 믿을 수가 없었다.

"철범아, 아무 걱정하지 말고 올라와라. 우리 가족 다시 같이 살

수 있게 됐다. 교회 사람들이 니를 대구로 전학도 시켜주고, 살 곳
도 준비해 주겠다고……."

이게 무슨 소리지? 내 귀를 의심했다.

'교회 사람들이 도와줬다고? 그 조그맣고 어려운 교회가?'

그동안 다녔던 교회는 백여 명도 안 되는 신도들이 상가 건물
2층을 임대해서 모이는 그런 조그만 곳이었다. 작은 교회가 형편
이 넉넉할 리 없었다. 매달 걷히는 헌금에서 건물 임대료를 빼고
나면 남는 돈도 얼마 없을 것이다. 그런데도 목사님과 여러 신도
들이 우리 사정을 듣고는 발 벗고 나섰다는 것이다.

"아무튼 그래 됐으니까, 니는 아무 것도 신경 쓰지 말고 공부만
해라."

수화기 너머로 들리는 '니는 공부만 해라'라는 말이 이렇게 듣
기 좋은 말인지, 예전에는 미처 몰랐다. 눈물이 핑 돌았다. 애써
태연한 척 알겠다고 짧게 대답하고는 얼른 전화를 끊었다.

수화기를 내려놓자마자 울음이 터졌다. 처음으로 1등을 했을
때도 이렇게 행복하지는 않았다. 공부만 하면 된다는 것. 그 어떤
것도 이 사실보다 나를 행복하게 해주지는 못할 것 같았다.

'그러면 나 이제는 학교를 계속 다닐 수 있는 건가? 정말 공부만
하면 되는 건가?'

믿기지 않았다. 공부만 할 수 있는 삶. 그건 내가 그토록 바라던

삶이었다. 가지고 싶었으나 영원히 가질 수 없을 것만 같았던 꿈 같은 삶이었다. 정말이지 공부만 할 수 있다는 것은 너무나 행복한 일이다.

경신고의 공부 고수들

다시 외할머니와 살 수 있게 되고 대구에 있는 경신고등학교로 전학 가게 되었다는 말을 처음 들었을 때 나는 너무나 기뻤다. 경신고는 대구에서 서울대학교를 가장 많이 보내는 학교이자 '공부가 가장 쉬웠다'는 그 장승수 씨가 다닌 학교였다.

경신고로 전학 온 지 얼마 되지 않았을 때 일이다. 이영철 수학 선생님이 수업 도중 갑자기 큰 소리로 내게 물었다.

"그런데 말야, 전학생. 듣자 하니 너 부산 경남고등학교에서 전학 왔다며?"

부산 경남고는 비평준화 시절에 전국적인 명문 고등학교로 이름을 날렸던 학교였다. 아주 옛날, 그러니까 내가 태어나기도 전에는 서울의 경기고, 대구의 경북고, 부산의 경남고 이 세 학교에서 서울대 합격을 거의 휩쓸었다고 한다. 이영철 선생님은 평준화가 된 지금의 경남고 상황을 알고 싶었던 모양이었다.

"아, 거기는 한 달만 있었고요. 원래는 구미고등학교를 다녔습니다."

그러나 이영철 선생님은 집요하게 물었다.

"그래도 경남고등학교 다니면서 전국 수능 모의고사 한 번은 쳐봤을 거 아냐? 한 달 전 모의고사에서 너 몇 등 했냐?"

내 등수를 말하라고? 나는 왠지 우쭐해졌다. 경남고등학교에 전학 가자마자 치렀던 수능 모의고사 시험에서 나는 반 1등, 전교 6등을 했기 때문이었다. 그러나 반 등수를 이야기해야 할지, 전교 등수를 이야기해야 할지 고민이 되었다. '1등'이라는 말을 하면 왠지 오만하게 보일 것 같아서 나는 전교 등수를 이야기했다.

"전교 6등 했습니다."

"오호? 공부 잘하네? 그때 몇 점 나왔었는데?"

"298점이었습니다."

당시는 모의고사 점수가 400점 만점이었고, 300점이 넘으면 서울대에 진학 가능했던 때였다. 나는 내심 '서울대급 점수'를 들은 선생님과 아이들이 놀라리라 생각했다. 그런데 예상과는 전혀 다른 반응이 나왔다.

"푸하하하. 298점으로 전교 6등을 했다고? 경남고도 망했네, 망했어. 하하하."

그 조롱 섞인 웃음소리에 나는 자존심이 상했다. 여기 경신고등학교 학생들은 얼마나 공부를 잘하는지 궁금했다. '그럼 298점으로 여기서는 얼마나 해요?'라고 따져 묻고 싶은 마음이 간절했지만 차마 입 밖으로 꺼낼 수는 없었다.

그런 내 마음을 아셨을까. 선생님은 칠판지우개를 던져 뒤돌아 떠들고 있던 어떤 학생의 뒤통수를 명중시켰다. 그러고는 깜짝 놀라 돌아보는 그 학생에게 소리치며 물었다.

"저번 시험에서 넌 몇 점, 그리고 몇 등 했냐?"

그러자 그 학생은 얼굴이 빨개지면서 대답했다.

"아, 저요……? 316점이었고 반에서 6등 했습니다."

민망하다는 듯 기어들어 가는 목소리로 대답한 그 학생은 고개를 푹 숙였다. 마치 자신을 지켜보는 다른 공부 고수들 앞에서 되지도 않는 점수를 말했다는 듯이.

그제야 나는 경신고의 분위기를 파악할 수 있었다. 그리고 부끄러움은 그 학생이 아니라 내가 느껴야 한다는 것을 깨달았다. 언제부터인가 마음속에 교묘하게 자리 잡은 교만함이 얼마나 우스운지도. 300점도 안 되는 점수로 반에서 1등 한 번 했다고 의기양양해진 나에게 그 사건은 겸손을 가르쳐주었다.

"알겠냐? 전학생! 여긴 이런 곳이다. 공부 열심히 해라."

이영철 선생님의 장난기 섞인 웃음에 나는 부릅뜬 눈과 꾹 다문 입으로 고개를 끄덕였다.

✦

찬 바람이 부는 늦가을. 경신고등학교에서의 첫 수능 모의고사가 치러졌다. 성적표를 받은 날 나는 또 한 번 충격을 받았다. 구미고등학교에서 1등까지 해본 나였는데 이곳에서는 무려 전교 72등이 아닌가? 그렇다고 시험을 망친 것도 아니었다. 내 실력을 모두 발휘했는데 이건 어디 가서 명함도 못 내밀 등수였다.

그래도 좌절하지 않았다. 오히려 기뻤다. 등수가 낮다는 것은 올라갈 곳이 많다는 말이기도 하니까. 앞으로 이룰 수 있는 것이 많다는 사실이 즐거웠다. 올라가는 고난 뒤에 오는 그 짜릿함을 나는 이미 알고 있었다. 그것은 언제나 도전할 가치 있는 일이었다.

내 마음이 향해 있는 곳

얼마 뒤 학교에 특별한 손님이 찾아왔다. 여느 때처럼 교실에서 공부하고 있었는데, 아래층에서 갑자기 소란스러운 환호성이 들렸다. 무슨 일이 벌어졌는지 궁금했지만 내가 정한 공부 원칙대로 책에서 절대 눈을 떼지 않고 있었다. 그런데 그때 한 친구가 교실로 들어와서 외치는 소리를 듣고는 책에서 눈을 뗄 수밖에 없었다. 처음 있는 일이었다.

"얘들아! 장승수 선배님이 오셨다!"

"뭐? 가보자! 가보자!"

학교는 난리가 났다. 막노동을 하면서 공부해 서울대 전체 수석이란 성공을 일궈낸 장승수 선배님과 악수 한번 해보려는 학생들로 인해 교무실 앞은 이미 전쟁터가 됐다. 내가 멘토로 삼은 그 사람이 바로 아래층에 와 있다고? 마음이 요동쳤다.

모든 교실의 모니터로 장승수 선배님의 강연이 생중계됐다. 나는 그의 말을 한 마디도 놓치지 않고 듣고 기억해야겠다고 생각했다. 책상에 펼쳐져 있던 개념원리 수학책 위로 수첩까지 꺼내 놓았다.

그런데 습관이란 이리도 무서운 걸까? 갑자기 수첩 밑에 펼쳐진 수학 문제가 눈에 들어왔다. 방금 전까지 내가 끙끙거리면서 풀던 문제였다. 정말 이상한 일이다. 존경하는 장승수 선배님의 강연이 이제 곧 시작인데 나는 그 문제에 더 마음이 갔다. 몇 초 남짓한 짧은 시간 동안 두 가지 생각이 교차했다.

'강연을 들을까? 아니면 이 문제를 풀까? 선배님의 강연을 듣는 것은 흔한 일이 아닌데……. 어쩌면 내 평생에 두 번 다시 오지 않을 기회일지도 몰라. 수학 문제는 나중에도 풀 수 있잖아?'

'아니야, 1분 1초도 아끼지 말고 머릿속을 공부에 관한 생각으로만 채우라는 말을 바로 저 장승수 선배님이 했잖아. 강연을 듣는 것보다는 이 문제를 푸는 게 옳아.'

결국 나는 문제 푸는 것을 선택했다. 내가 장승수 선배님을 존경

한다면 그의 말을 듣는 것보다는 실천하는 것이 옳다고 생각했다.

✦

　나는 필통에서 귀마개를 꺼내 귀를 막았다. 장승수 선배님께는 죄송하지만 훗날 내가 서울대에 합격하면 꼭 얼굴을 직접 뵙고 인사를 드리리라 다짐했다. 덕분에 그날 장승수 선배님의 강연 내용은 전혀 기억에 남지 않았다. 그렇지만 그 시간에 내가 풀었던 문제는 아직까지도 생생히 기억한다.

　그때 나는 공부의 속성을 깨달았다. 그것은 공부를 위해 다른 무엇인가를 희생하게 되면 공부에 굉장한 가속도가 붙게 된다는 것이다. 나의 경우, 진심으로 존경하는 분의 생생한 조언을 현장에서 들을 수 있는 황금 같은 기회를 포기하고 공부에만 집중하니 마음속에서 어떤 '보상 심리'가 생겼다.

　'내가 이 문제를 위해서 강연마저 포기했으니 반드시 공부 너라는 놈은 나에게 그만한 보상을 해주어야 한다. 만약 네가 내놓지 않는다면 내가 직접 가져가겠다.'

　이런 진취적인 마음이 생기는 것을 느낄 수 있었다. 이 같은 마음이 생기면 집중의 수준이 달라진다. 만약 공부가 자신에게 충분한 애정을 보이지 않는다고 생각된다면 한번 곰곰이 생각해 보

라. 공부라는 것을 위해 무엇까지 포기했는지 말이다.

공부를 열심히 한다고 말하면서 공부 외의 다른 것에서 즐거움을 얻는다면, 공부에 주어야 할 시간을 그것에 할애하고 있다면 사실 그 사람은 공부를 열심히 하는 것이 아니다. 단지 '공부도' 하고 있는 것일 뿐.

상위권에서 최상위권으로 올라서는 법

"그럼, 피바다 알겠네?"

내가 경신고등학교에 다니는 것을 알면 어김없이 날아드는 질문이었다. 학생들끼리 얘기할 때 선생님을 별명으로 부르곤 했는데 '피바다' 선생님은 교내에서는 물론 학교 밖에서도 유명했다.

타 학교 학생들조차 그가 우리 반 담당 수학 선생이라는 말을 들으면 진심으로 안타까워했다. 피바다 선생님 역시 체벌로 학생들을 '교육'하셨는데, 타격 강도는 그 별명에 걸맞게 최고 수준을 자랑했다. 한창 혈기 왕성한 우리를 힘으로 제압하셨으니 학년이 바뀔 때마다 아이들은 제발 담당 수학 선생이 다른 분이길 간절히 빌 정도였다.

숙제를 하지 않거나 시험 점수가 떨어지거나 주먹다짐이 일어났을 때 선생님의 '교육'이 없었다면 아이들 성적은 말할 것도 없고 교실도 난장판이 되었을 것이다. 그렇게 피바다 선생님은 각 교실의 질서를 담당하셨는데, 사실 선생님의 진가는 체벌보다 '수업'에서 더 확실하게 발휘되었다.

✦

경신고로 전학 온 후 치러진 첫 모의고사에서 전교 72등을 했던 나는 좀처럼 그 성적을 벗어나지 못했다. 특히 수학에서 헤맸다. 평이한 난이도의 문제는 잘 풀었지만 변별력을 가르는 고난이도 문제는 여전히 정복하기 어려웠다.

그 단계를 넘어서기 위해 문제집을 많이 풀어보기도 했지만 어떤 문제집으로 공부해도 풀리는 문제만 풀리고 안 풀리는 문제는 여전히 풀리지 않았다. 나는 좌절감을 느끼면서도 이렇게 계속 공부하다 보면 언젠가는 성적이 오르리라는 희망으로 버티고 있었다. 한마디로 최상위권으로 도약하는 공부 방법을 모르고 있었던 것이다.

그런 나에게 정확히 필요했던 공부 방법을 처방해 주신 선생님이 바로 피바다 선생님이었다. 피바다 선생님의 수업 교재는 극심화 문제집이었다. 큰 한 단원의 종합문제가 다섯 문제밖에 없었는데, 상위권을 유지하던 나조차 앞의 한두 문제만 풀 수 있었고 나머지는 답을 내기 어려울 정도였다. 문제의 난이도도 끔찍했지만 더 끔찍했던 것은 피바다 선생님의 주문이었다.

"해설에 있는 방법 말고 다른 방법으로 풀어라."

"네가 방금 쓴 공식이 어떻게 해서 나온 것인지 그 증명 과정을 써라."

부들부들 떨리는 손으로 분필을 겨우 잡고 어젯밤에 외운 해설을 어떻게든 기억해 내려고 애쓰고 있는데 다른 방법으로 풀라니, 증명을 하라니……. 바로 옆에서 지켜보고 있는 선생님의 시선을 오롯이 느끼니 온몸이 떨릴 지경이었다.

그래서 피바다 선생님의 수업이 있기 전날마다 밤을 새웠다. 밤 12시부터 새벽 6시까지 오로지 다섯 문제만을 공부했다. 어차피 해설과 다른 풀이 과정을 요구하니 해설서는 도움이 되지 않았다. 단 한 문제의 또 다른 풀이 과정을 찾기 위해 나는 수학 전 범위를 몇 번이고 왔다 갔다 훑어봐야 했다. 좌표 공간에 대입도 해 보고, 삼각함수를 활용해 보기도 했다.

그러다가 적절한 풀이 과정을 찾으면 내가 사용한 공식의 유도 과정을 외워 두었다. 단순히 이해하는 것에서 그치지 않고 칠판에 줄줄 쓸 수 있을 정도로 외웠다. 이렇게 공부하면 보통 여섯 시간 동안 한두 문제, 컨디션이 좋고 머리가 잘 돌아가는 날이면 서너 문제를 풀 수 있었다.

양보다 질로 승부하라

이 방식은 그동안 내가 공부했던 방법과는 완전히 달랐다. 그 전까지는 문제 풀이의 '양'으로 승부했고, 그 방식으로 최상위권까지 올라갈 수 있다고 믿었다. 그렇게 성공해 왔으니까. 그러나 '양'치기로 성적을 올리는 것은 곧 한계에 부딪혔다. 그런 상황에서 피바다 선생님은 나의 공부 방법을 적절하게 바꿀 수 있도록 도와주신 셈이 되었다. 바로 문제의 '질'로 승부하는 것이다. 한 문제라도 깊고 폭넓게 공부하는 방식으로.

이 공부 방법이 정체된 성적을 올리는 데 알맞겠다는 생각이 든 나는 다른 과목에도 적용하기 시작했다. 예를 들어 영어 같은 경우 그때까지는 빠르게 읽으며 눈에 띄는 한두 단어를 이용해 답을 유추했다. 이 방식 역시 독해 속도는 빨랐지만 정답률을 높이기는 어려웠다. 지문의 요지를 정확하게 파악하지 못했기 때문이다.

그래서 영어도 깊게 공부하기 시작했다. 답만 맞히면 넘어가는 것이 아니라 지문에 있는 모든 문장을 정확하게 '번역'하려고 노력했다. 그 과정에서 특정 문법 지식이 필요하다고 판단되면 문법 교재의 해당 단원을 펼쳐놓고 꼼꼼히 공부했다.

지금 생각해도 공부 방법을 적절한 시기에 적절한 방향으로 잘 바꾼 것 같다. 효과는 곧 나타났다. 먼저 풀이 과정을 떠올리는 시간이 확연히 짧아졌다. 예전엔 30초쯤 생각해야 어떻게 접근할지 떠올랐던 문제도 이제는 2~3초 만에 접근 방식이 떠올랐다. 종합 문제에 실린 최고난도 문제도 조금만 시간을 들이면 풀 수 있게 되었다. 그 결과 경신고에 와서 처음 치렀던 시험에서 전교 72등이었던 나는, 불과 4개월 뒤 전교 4등이라는 쾌거를 이루었다.

◆

아무리 노력해도 한계에 부딪히면 좌절하기 마련이다. 나 역시 그랬다. 하루도 빠짐없이 성실하게 공부에 매진하는데도 넘을 수 없는 벽 앞에서 '여기까지인가' 하는 생각에 실의에 빠질 때도 있었다. 마치 시시포스의 굴레에 갇힌 기분이었다. 만약 돌을 밀어 올리는 방법이 계속 실패한다면 반드시 다른 방법과 전략을 찾아야 한다.

공부를 시작할 때는 원리를 이해하고 기초를 쌓는 것이 중요하고, 기초를 제대로 쌓았다면 응용 단계에서 문제를 많이 풀어야 실력이 향상된다. 탄탄한 실력을 갖추었다면 이제 완성도를 높일 차례다. 여기에서 중요한 것은 이렇게 공부 방법을 바꾸는 시기가 사람마다 다르다는 것이다. 열심히 하는데 성과가 없다면 지금 공부하는 방법이 현재 단계에 유용한지, 자신에게 맞는 방법인지 점검해야 한다. 그렇게 한계를 넘었을 때 얻는 뿌듯함은 넘어본 자만이 느낄 수 있다.

앞이 보이지 않는 주홍빛 안개

2학년 마지막 모의고사에서 나름 좋은 성적을 낸 덕분에 나는 3학년 때 서울대반에 편성되었다. 공부 고수들이 한데 모여 열정적으로 공부하는 모습은 내게 큰 자극이 되었다. 공부가 슬슬 지루해질 때쯤 눈을 들어 공부에 열중하는 그들을 보면 다시 의욕이 생겨 집중할 수 있었다.

흔히들 공부를 마라톤에 비유한다. 마라톤은 장시간 지속적으로 달릴 수 있는 체력과 마지막 구간의 속도가 성패를 좌우한다. 공부도 마찬가지다. 실력, 속도, 완성도 모두 중요하지만 그보다 더 중요한 것은 지구력, 지구력을 뒷받침할 체력, 압박감을 이겨 낼 정신력이다.

그런데 그해 여름, 체력에 문제가 생기기 시작했다. 날씨는 더워지는데 몸은 이상하게 자꾸 추웠다. 시도 때도 없이 볼펜을 잡은 손이 떨리고 걸을 때마다 다리도 후들거렸다. 고개를 숙이고 공부하는 자세 때문인지 어깨와 허리가 아파 앉아 있는 것도 점점 힘들어졌다. 체력이 고갈되니 당연히 집중력도 예전 같지가 않았다.

선생님의 설명이 이해되지 않을 때가 잦아졌고 문제를 푸는 속도는 물론 정답률도 떨어지기 시작했다. 그러나 체력보다 더 큰 문제는 정신적인 면이었다.

고3이 된 후 나는 극도로 예민해졌다. 그 때문일까? 잠을 제대로 잘 수가 없었다. 매일 밤 나는 수학 문제를 푸는 꿈에 시달렸다. 꿈속에서의 나는 이제껏 보지 못한 어려운 문제들을 풀고 있었다. 어떻게 그 어려운 문제들을 머릿속에서 만들어내고 또 풀어댔는지 지금도 의아하다. 몸의 긴장을 풀지 못하고 잠이 들면 항상 수학 문제를 풀며 헤맸고 그런 다음 날은 여지없이 컨디션이 저조해졌다.

이처럼 예민해진 신경은 공부에 부정적인 영향을 미쳤다. 우선 진도가 나가지 않았다. 한 문제를 가지고도 너무 오래 생각을 하

는 경우가 많았다. 한 페이지를 10분이고 20분이고 계속 들여다
보고 있자니 마치 고등학교 1학년 때 정석을 들여다보던 그 끔찍
한 때로 되돌아간 기분이었다.

고등학교 3학년의 공부는 '정리'가 제일 중요한데 나는 그 정리
를 제대로 하지 못했다. 책상 앞에 앉아 있지만 공부는 하지 않는
상태로 하루하루가 흘러갔다.

심연으로 떨어지다

그렇게 공부를 이어가는 것만도 벅찬데 어머니가 구속되는 사
건이 벌어졌다. 외할머니는 가계수표가 부도났거나 만기가 돌아
오는 어음을 막지 못한 것 같다고 하셨다. 쉽게 말해 빚을 갚지 못
해 그렇게 된 것이다.

악착같이 버텨왔건만 실낱같은 희망의 끈이 끊어지는 게 느껴
졌다. 어머니의 삶은 온통 우리를 뒷바라지하느라 고통과 눈물로
얼룩져 있었다. 아무리 떨어져 살고 이혼을 했어도 자식을 부양
할 의무는 아버지에게도 있었지만 아버지는 단 한 번도 양육비를
지원하지 않았다. 그러니 어머니 홀로 그 무거운 의무를 져야 했
다. 아무리 열심히 살아도 삶은 어머니 뜻대로 되지 않았다. 오히

려 더 가열차게 어머니를 나락으로 떨어뜨렸다.

'내가 태어나지 않았다면…….'

나 때문이란 생각이 머릿속에서 떠나지 않았다. 그리고 내가 어찌할 수 없는 일들이, 아무리 발버둥쳐도 벗어날 수 없는 현실이 계속될 것 같아 두려워졌다. 눈앞에 수평선 너머가 보일 때마다 저 깊은 심연에서부터 어둠이 뻗어와 발을 잡아채 끌어내리는 것 같았다. 반복되는 그 굴레를 벗어날 수 없다는 생각이 들자 나는 그만 공부를 손에서 놔버렸다. 수능 한 달 전이었다.

✦

친구들이 마지막 정리에 몰두할 무렵 나는 밤마다 아무런 목적도 없이 골목길을 한 시간이고 두 시간이고 멍한 표정으로 쏘다녔다. 그렇게 하염없이 밤거리를 걷기라도 해야 숨이 쉬어지고 머리가 맑아질 것 같았다. 어슴푸레 빛나는 주홍색 가로등 불빛 사이사이로 하염없이 걸어 다니면서 드는 생각은 하나뿐이었다.

"올해는 망했구나……."

그 예감은 수능에서 그대로 이루어졌다. 솔직히 그렇게 지겨운 시험은 처음이었다. 수능 시험을 보는 내내 '치기 싫다', '이젠 지겹다', '그냥 쉬고 싶다' 이런 생각들이 맴돌았다. 그동안의 집중력

은 다 어디로 갔을까? 국어 영역을 치르는 도중에는 수시로 잡생각이 들었다. 수학은 모든 문제가 너무 어렵게 느껴졌다. 덕분에 시야가 좁아져서 핵심 조건과 힌트를 보지 못했다. 외국어 영역을 풀 때는 그냥 울고 싶어졌고 탐구 영역 시간에는 졸기까지 했다.

집에 돌아와 가채점을 해보니 400점 만점에 총점이 358점이었다. 낮은 점수는 아니었다. 분명히 모의고사 점수보다는 오르긴 했다. 그러나 겨우 10점 올랐을 뿐이었다. TV에서는 사상 유례없이 쉬운 시험이었다는 평을 내놓고 있었다. 전년도보다 평균이 50점 이상 상승할 것이라는 전문가들의 분석도 있었다. 그들의 말처럼 평균 50점씩 올랐다면 나는 원래 실력보다 무려 40점이나 떨어진 셈이지 않은가? 가슴이 철렁 내려앉았다.

다음 날 학교에 가서 나는 내가 시험을 망쳤다는 사실을 확실히 깨달았다. 서울대반 친구들 대부분이 가볍게 360점을 넘겼다. 내가 전교 60등 바깥으로 밀려났다는 선생님의 말씀이 마치 다른 사람에게 하는 얘기처럼 들렸다. 실패를 예감하는 것과 실패를 체감하는 것은 다르다. 내 주변은 온통 까마득한 심연이었다.

너는 지금의 삶에 만족하니?

다음 해 나는 경북대학교 공대에 입학했다. 집안 사정상 학비가 저렴한 국립대학교에 가야 했기에 다른 학교는 생각할 수 없었다. 전공은 컴퓨터공학이었다. 발전 가능성이 높은 유망학과였다. 게다가 여학생의 비율이 공대 중에서는 가장 높았다. 아마도 거의 절반이 여자였던 것 같은데 공대에서는 희귀한 일이었다. 덕분에 컴퓨터공학과는 공대를 지망하는 남학생들의 1지망 학과였다. 그러나 그런 것들이 나를 만족시켜 줄 수는 없었다.

나는 모든 것이 마음에 들지 않았다. 건물부터 눈에 거슬렸다.

첨단 기술을 배우는 학과였지만 건물은 그다지 첨단이 아니었다. 원래 대부분의 국립대학교 건물들이 사립대학교에 비해 많이 낡은 편이다. 그걸 알면서도 칙칙한 분홍빛의 학과 건물은 보기만 해도 우울했다.

물론 건물의 모습은 핑계에 불과했다. 이 우울한 감정의 근본 원인은 내 성적과는 맞지 않는 곳에 들어왔기 때문일 것이다. 경북대는 분명 지역의 좋은 대학교다. 그러나 나는 더 좋은 성적을 받을 수 있었고 더 좋은 곳에 진학할 수 있었다는 생각이 끊임없이 들었다. 즉, 나는 억울했던 것이다.

서울대학교에 서른 명 이상씩 진학하는 고등학교에서 전교 4등이란 숫자가 또렷이 새겨진 성적표를 받던 그 순간부터 나는 자만했다. 얼마든지 노력하면 원하는 만큼 성적을 올릴 수 있다는 자신감에 차 있었고, 원하는 학교는 어디라도 갈 수 있다는 생각에 젖어 있었다. 그러한 자만이 얼마나 위험한 착각인지 나는 실패하고서야 알았다.

냉정하게 따지면 집안 사정은 면죄부가 되지 못한다. 장승수 선배님의 가르침을 실천한다면서 결국 그러지 못했다는 것도 그제야 깨달았나. 주변의 소란스러움을 놀아보지 말고 책에서 눈을 떼지 말라는 것은 교실이나 독서실의 상황을 뜻하는 것만이 아니었다. 진정 돌아보지 말아야 할 것은 소란스러운 마음이었다.

다시 도전하기로 결심하다

몸은 캠퍼스를 걷고 있었지만 마음은 이 학교를 받아들이기가 어려웠다. 그래서 틈만 나면 수업을 빼먹고 학교 안을 누비며 방황했다. 그렇게 하릴없이 쏘다니던 중 맞은편에서 걸어오는 학생 한 명이 눈에 들어왔다. 어라? 어디서 많이 보던 얼굴인데 누구더라? 한참을 생각하다가 마침내 기억해냈다. 나는 고개를 숙이고 걷는 그에게 다가가 어깨를 치며 반갑게 말했다.

"어, 덕수! 여기서 뭐 해?"

덕수는 구미고등학교에 다닐 적에 친하게 지내던 친구였다. 아침에 일찍 와서 농구를 하자고 내가 꼬드겼던 그 친구 말이다.

반갑게 인사를 나눈 우리는 벤치에 앉아 많은 이야기를 했다. 내가 전학 간 후에 구미고등학교에 무슨 일이 벌어졌는지 들을 수 있었다. 누가 전교회장이 되었다는 이야기부터 누구는 여자친구랑 헤어졌고 어느 선생님은 많이 아팠으며 학교 매점 라면은 여전히 맛이 없다는 얘기까지.

추억에 젖어 한참 즐겁게 이야기를 나누다가 슬슬 얘깃거리가 떨어질 무렵, 문득 덕수가 웃음을 거둔 표정으로 나에게 말했다.

"솔직히 말하자면……. 여기서 너를 보게 된 게 조금은 의외다."

나는 아직 즐거운 기분이 가시지 않은 채로 미소를 띠며 말했다.

"왜? 같은 학교니까 이렇게 우연히 마주칠 수도 있는 거지."

내 대답을 듣더니 덕수가 잠시 머뭇거리다 말했다.

"그게 아니라, 네가 이 학교에 입학하게 된 게 말이야. 나는 네가 연고대 정도는 가 있을 줄 알았거든. 그리고 그건 나뿐이 아닐 거야. 네가 공부하는 모습을 지켜본 그때 우리 반 친구들도 다들 그렇게 생각했을 거야."

덕수의 말을 들으니 갑자기 정신이 들었다. 누군가 내 머리 위로 얼음물을 쏟아부은 느낌이었다. 그러나 누구라도 남 앞에서 내가 실패했다는 것을 스스로 인정하기는 싫은 법. 나는 애써 상관없다는 투로 말했다.

"나 원래 358점 나왔는데 많이 낮춰 써서 들어온 거야. 배치표에는 이 학과가 340점이더라고. 그러니까 거의 20점 정도 낮춰 쓴 거지. 안전하게!"

그러자 덕수가 의아하다는 듯 말했다.

"내 친구는 310점 받고도 네가 다니는 학과에 합격했다던데……."

그동안의 내 고민에 쐐기를 박는 말이었다. 나는 310점을 받고도 합격할 수 있는 학과에서 4년을 버틸 자신이 없다는 것을 깨달았다. 그건 학교나 학과 문제가 아니었다.

수능 대박을 바라는 것도 아니었고 명문 대학교 인기 학과가 아니면 무조건 싫다는 식의 투정도 아니었다. 단지 내가 그동안 쌓아온 실력만큼은 인정받고 싶었고, 그 실력에 맞는 곳에 진학하고 싶었다. 그래야 마음 편하게 대학 공부에 집중할 수 있을 것 같았다.

"정 그렇다면 네가 알아서 한번 해봐라."

결국 내 마음은 1년 더 공부를 하는 쪽으로 기울어졌다. 외할머니는 극구 반대했다. 이유는 간단했다. 재수를 시킬 만한 돈이 집에는 없다는 것이었다. 매달 수십만 원에 달하는 학원비와 책값을 감당하기 힘들다고 했다. 하지만 나는 그건 문제가 되지 않는다고 생각했다. 어차피 대학교를 계속 다녀도 등록금과 책값이 들어가는 것은 마찬가지니까.

나는 외할머니의 진짜 걱정을 알 것 같았다. 내가 올해도 실패할까 봐 염려한 것이다. 하지만 자신이 있었다. 실패했던 이유를 알고 있기 때문이었다. 올해는 그 어떤 상황에서도 마음을 다잡고 제대로 공부할 수 있다는 확신이 있었다. 만약에 운이 따라준다면 어쩌면 이제껏 내가 한 번도 이뤄내지 못한 결과를 이뤄낼 수도 있다고 생각했다.

외할머니의 반대에도 이번만큼은 물러설 수 없었다. 왜냐하면 이건 나의 인생이기 때문이었다. 학원비가 필요하다면 저녁에 아르바이트를 하면 될 일이었다. 공부와 아르바이트를 병행하기가 힘들다고는 하지만 나는 견뎌낼 수 있다는 자신이 있었다. 그렇게 해서라도 재수를 할 것이고, 반드시 올해는 성공할 것이다.

내가 그런 의지를 가지고 간절히 설득하자 결국 외할머니도 한발 물러나셨다.

"정 그렇다면 네가 알아서 한번 해봐라."

✦

다음 날 학과 사무실이 문 여는 시간에 맞춰 가서 자퇴서를 뽑았다. 그리고 그길로 담당 교수님의 연구실에 찾아갔다. 자퇴서에 담당 교수님의 도장을 찍어야 하기 때문이었다. 교수님께서는 내가 내미는 자퇴서와 내 얼굴을 번갈아 보시더니 말씀하셨다.

"혹시 너……. 재수하려고 그러냐?"

"……네."

"뭐, 인생 80년 중에 그깟 1년쯤이야……. 이런 생각 들지? 하지만 젊을 때의 1년은 네가 생각하는 것보다 훨씬 소중한 시간이야.

20대의 1년은 정말 황금같이 아까운 시간이라고."

자퇴서에 도장을 찍어주면서 하시는 말씀에 나는 고개를 가만히 끄덕였다. '감사합니다'라고 인사드리고 일어서려는데 교수님이 한 마디 더 덧붙이셨다.

"성공해야 된다. 안 그러면 너 정말 인생 낭비하는 거야."

교수님의 진심 어린 충고를 가슴에 새기며 연구실 밖으로 나왔다. 계단을 내려와 건물을 빠져나오니 찬바람이 불어왔다. 3월인지라 날씨는 아직 추웠다. 경북대학교에서의 생활은 이렇게 한 달도 되지 않아 끝이 나는구나. 나는 점퍼 지퍼를 올리며 올해는 반드시 성공하리라 다짐했다.

우리에게는
격려가 필요하다

고등학교 2학년, 책장 넘기는 소리만 들리는 어느 날의 심야 자율학습 시간이었다. 갑자기 누군가 내 어깨를 두드리는 것이 느껴졌다. 자습 감독 선생님이었다. 깜짝 놀라 뒤를 돌아보자 선생님은 따라 나오라는 손짓을 했다.

가슴이 철렁 내려앉았다. 이런 상황을 많이 겪어봤다. 빚쟁이들이 학교까지 찾아와 삼촌이라며 나를 불러내고는 했다. 빚쟁이들의 말을 믿은 선생님은 교실에서 공부하고 있던 나를 이런 식으로 부른 적이 많았다. 그런데 뭔가 이상했다. 복도로 나오자 선생님이 의자를 내밀며 나에게 앉으라고 하시는 게 아닌가?

그분은 세계사를 가르치던 김종호 선생님이었다. 선생님은 이런저런 말씀을 하시다가 자신의 과거 이야기를 꺼내셨다. 자신도 집안 환경이 좋지 않았는데 그 와중에 어떻게 어려움을 극복하며 공부를 했는지, 그리고 어떻게 교사라는 직업을 갖게 되었는지 말씀해 주셨다. 선생님은 가정환경이 어려운 내가 좌절하지 않고 열심히 공부하도록 용기를 불어넣어 주시려는 것이었다.

선생님의 격려를 들으면서 깨달은 것은, 내게도 격려가 필요했다는 사실이었다. 나는 너무나 지쳐 있었다. 하루 종일 공부만 하다 보니 웃을 일도 별로 없었고, 이리저리 전학을 다니면서 마음을 터놓을 친한 친구도 없었으며, 가족 안에서 위로를 받기에도 힘들었다.

그동안 나는 위로와 격려가 필요하다는 사실을 스스로 부정하고 있었다. 받을 수 없는 것은 필요 없는 것이라는 논리로 잠재의식이 방어막을 쳤던 것 같기도 하다. 정신적인 에너지가 고갈되어 있으면서도 그 사실을 인정하지 않았고, 아무에게도 도움을 청하지 않았다.

그런 상황에서 듣게 된 '네가 힘들어하는 것 잘 안다. 그래도 나는 네가 잘할 수 있을 거라고 믿고 있다'라는 말은 텅 빈 내 마음을 다시 가득 채워주었다. 정말 신기한 일이었다.

우리 모두에게는 격려가 필요하다. 나는 괜찮다고, 이 정도는 다들 하는 것이라고 참는 것만이 능사는 아니다. 누군가가 나를 지켜보면서 응원한다는 것은 정말 큰 힘이 되는 법이다. 그게 선생님이든, 부모님이든, 친구이든, 심지어 나 자신이든 간에 말이다. 그런 기대와 격려는 놀라운 변화를 이끌어낸다.

"나는 잘하고 있고, 잘할 수 있다는 것을 언제나 믿고 있다."

4장

멈추지 않으면
실패한 게 아니다

"공부가 재미있게 되는 비결은 의외로 간단하다.

공부보다 재미있는 것을 하지 않으면 된다.

그러면 공부가 제일 재미있어질 수밖에."

흔들리지 않는 실력의 비밀

작년 수능에서 실패한 이유를 나는 아주 잘 알고 있었다. 처음에는 세상 탓을 했지만 사실은 내 안에서 비롯된 마음이 가장 큰 문제였다. 누구든 중대한 일을 앞두고 찾아온 시련 앞에 주저앉을 수 있다. 그리고 그 시련은 누구에게라도 찾아올 수 있다. 결국 그것을 극복할 수 있느냐 없느냐가 승패를 가른다.

살아가면서 불행한 일은 또 닥칠 수 있다. 이번 수능을 앞두고 어떤 일이 벌어질지는 아무도 모른다. 그래서 재수를 결심할 때, 그 어떤 일이 벌어져도 절대 흔들리지 않는 실력을 키워야겠다고 다짐했다.

흔들리지 않는 실력을 어떻게 키울 수 있을까? 열심히 공부하는 것만이 답은 아닐 것이다. 지금 가지고 있는 문제점을 제거하지 않는다면 그건 언제 터질지 모르는 폭탄을 안고 달리는 것과 같았다. 폭탄을 여러 개 안고 있었던 나는 그것들을 하나씩 바꿔 나가기로 결심했다.

✦

첫째, 체력을 관리했다. 공부를 시작한 이후로 2년 동안 휴식이 전혀 없는 하루하루를 보냈다. 온종일 앉아 공부만 했고 밥을 먹을 때조차 단어를 외웠다. 덕분에 성적이야 빠르게 올랐지만 그러고도 몸에 무리가 없다면 그게 이상한 일이었다.

재수하는 동안 나는 오전과 오후에만 공부했다. 저녁을 먹고 나서는 쉬었다. 쉬는 시간에는 친구와 시내를 돌아다니기도 했고, 가끔은 영화를 보거나 책을 읽기도 했다. 그리고 무조건 일찍 잠들었다. 그랬더니 몸과 마음에 생기가 돌았다.

그렇게 공부와 쉼의 루틴을 지키니 오전과 오후 공부 시간을 더욱 밀도 있게 보낼 수 있었다. 정해진 때에 공부를 제대로 하지 않으면 하루 종일 아무 공부도 하지 않은 셈이 되기 때문이다. 덕분에 공부의 집중도는 더욱 높아졌다.

✦

둘째, 정리 학습에 집중했다. 2학년 때의 공부 방식을 3학년이 되어서도 계속한 것이 패착이었다. 때문에 진도가 잘 나가질 않았고 마무리 정리를 하는 데 실패했다. 깊게 파고드는 공부가 사고력 향상에 좋기는 하다. 하지만 그것이 정리에 영향을 미칠 정도여서는 안 된다. 수능은 정리가 생명이다.

그래서 계획대로 정리 학습을 하는 것을 가장 중요하게 생각했다. 먼저 전체 1년의 큰 흐름을 짰다. 1학기에는 학원 수업의 예습과 복습에만 열중했다. 이 시기에는 나 혼자 하는 공부를 최대한 자제하려고 노력했다. 정 시간이 남으면 학원 교재를 반복해서 봤다. 2학기에는 모의고사 위주의 공부를 했다. 이때는 매일 전 과목을 1회씩 풀기로 계획을 세웠는데, 실제로 해보니 이틀에 1회씩 푸는 것이 가장 적당했다.

이렇게 1년 계획을 짠 다음에는 이번 달에 해야 할 공부량을 정했다. 그리고 그것을 각 주에 분배했다. 더 이상의 자세한 계획은 짜지 않았다. 어차피 너무 자세한 계획은 지켜지지 않는다는 것을 경험으로 알고 있었기 때문이었다.

그 주에 해야 할 공부량을 달성하지 못했을 경우 미처 끝내지 못한 공부는 과감하게 포기하고 넘어갔다. 그렇게 하지 않으면 1년 계획 전체가 흐트러지기 때문이었다. 이런 방식은 긴장감 유지에도 도움이 된다. 만약 해야 할 분량을 끝내지 못하면 이제 그것을 공부할 기회는 더 이상 없기 때문이다.

✦

셋째, 그 무엇보다 마음가짐을 다듬는 데 많은 노력을 기울였다. 수험생에게 필요한 두 가지 마음가짐이 있는데 그건 바로 '평정심'과 '자신감'이다. 내가 말하는 평정심이란 모의고사 점수에 일희일비하지 않는 것을 뜻한다. 오르락내리락하는 모의고사 점수에 공부가 오락가락해서는 안 되며, 애초에 계획한 큰 흐름에 충실하게 정리해야 한다는 말이다.

보통 모의고사는 전년도의 수능을 참고로 만들어진다. 예를 들어 전년도 수능에서 새로운 유형의 문제가 나왔다면 다음 해 모의고사는 그 유형을 반복해서 출제한다. 그러니 그 유형을 경험하고 대비한 재수생들의 모의고사 점수는 오를 수밖에 없다.

문제는 그렇게 해서 오른 점수의 대부분이 거품인 경우가 많다는 것이다. 그건 실력이 진짜 오른 것이 아니라 단지 문제에 익숙해진 것뿐이다. 그래서 다음 해 수능에서 또다시 새로운 문제 유형이 나오면 당황하다 삼수생의 길로 들어서게 된다. 모의고사 점수에 속았기 때문이다.

그 점수에 속지 않으려면 결국 자신의 마음을 다스리는 수밖에 없다. 모의고사 점수가 오르더라도 자만하지 않고, 점수가 떨어지더라도 자신감을 잃지 않아야 한다. 그러면서 처음에 계획한 큰 흐름대로 충실하게 정리하는 것이 가장 중요하다. 이렇게 마음을 다듬는 훈련은 어쩌면 공부보다 더 어려울 수 있다. 그러나 꼭 해내야 하는 일이다.

나 역시 들쑥날쑥하는 모의고사 점수에 일희일비하지 않으려고 최대한 노력했다. 성적표가 나오면 점수가 오른 성적표에는 '이 점수 믿다가 망한다'라고 쓴 후 쓰레기통에 버렸고, 점수가 떨어진 성적표에는 '어쩌라고? 배 째라'라고 쓴 후 쓰레기통에 버렸다.

어떤 학생들은 모의고사 성적을 보고 자신의 공부 흐름을 쉽게 바꾼다. 예를 들어 영어 성적이 떨어지면 영어 공부에 올인하다가 다음 모의고사에서 수학 성적이 떨어지면 이번에는 수학 공부에 올인하는 식이다. 그렇게 갈팡질팡하면서 점수에 끌려다니는 공부를 하게 되면 수능에서 가장 중요한 '체계적인 정리'에 소홀해질 수도 있다. 물론 특정 과목 성적이 떨어지면 그 과목을 보충하는 공부가 분명히 필요하다. 그러나 최우선 순위는 애초에 계획한 큰 흐름이다.

　만약 이번 달에 고전문학을 마스터하기로 계획했다면 모의고사에서 영어 성적이 떨어졌더라도 크게 개의치 않고, 먼저 계획했던 대로 고전문학을 가장 우선순위로 두고 공부했다. 그리고도 시간이 남으면 비로소 영어 공부를 하는 것이다. 그래야 모든 영역을 고루 챙길 수 있고 전체 성적을 관리할 수 있다.

　이렇게 원칙을 지키며 공부하려면 무엇보다 자신감이 필요하다. 과감하게 앞으로 나갈 수 있어야 한다. 어쨌든 이런 공부 전략은 굉장히 효과적이었다. 그 해 수능에서 나는 지금까지 한 번도 받아보지 못한 성적을 얻어냈다. 400점 만점에 387점. 그동안 나를 그렇게 괴롭혔던 국어와 수학에서는 만점을 받았다. 수학을 25점 받고 반에서 꼴찌를 한 지 1000일 만의 일이었다.

공부 너머의 삶

수능이 끝난 뒤 어느 날, 외할머니께서 넘어지면서 허리를 다치는 바람에 병원에 입원하게 되었다. 그날 나는 동네 한방병원 입원 실에서 외할머니와 단둘이 TV를 보고 있었다. 여긴 병실이라기 보다는 마치 어느 시골의 허름한 여관 같았다. 어두컴컴한 방에 는 침대 대신 눅눅한 이불이 펼쳐져 있었다. 방 안에 있는 것이라 고는 윙윙거리는 작은 냉장고와 오래된 TV뿐이었다. 문득 TV를 보던 외할머니가 나에게 물었다.

"특차 원서는 어디로 썼다고 했지?"

"서울대 자연과학부에 썼어요."

"음, 과학자가 되고 싶어 하는 줄은 몰랐네."

"……."

사실 점수에 맞춰 급하게 결정한 학과였다. 내가 받은 수능점수면 서울대 의대도 지원이 가능했지만 문제는 내신이었다. 대부분 서울대학교 지원자들의 내신은 1등급이었고 가끔 2등급인 학생들이 자신의 높은 수능 성적을 믿고 지원하기도 했다.

반면 나는 내신이 형편없었다. 고등학교 1학년 때는 공부를 제대로 안 한 덕분에 학생부는 온통 '양'이나 '미'였다. 2학년 때는 고등학교를 세 군데나 옮겨 다닌 덕분에 수업은 이 학교에서 듣고 시험은 저 학교에 가서 쳤다. 구미고등학교에서는 행렬을 배웠는데 경남고등학교로 전학 가서 본 시험에는 수열이 나오는 식이었다. 나는 그때 이미 내신에 대해서는 마음을 접고 수능에만 열중했다.

높은 수능점수에도 불구하고 형편없는 내신 덕분에 학과 선택이 자유롭지 않았다. 배치기준표의 서울대학교 지원 가능 점수는 나에게 별 도움이 되지 않았다. 그건 내신 1~2등급을 받은 학생들을 기준으로 만든 자료이기 때문이다. 결국 원서를 어느 정도 눈감고 내는 상황이 되었다. 외할머니는 그게 탐탁지 않으셨던 것 같다.

"살면서 가장 중요한 것은 봉사란다."

나는 의아했다. 세상에 도움이 필요한 사람들이 있다면 그건 우리 가족이라고 생각했다. 내가 지금 죽게 생겼는데 남에게 봉사가 웬 말인가? 나는 시큰둥하게 대답했다.

"내가 하고 싶은 일을 하면서 사는 것이 제일 중요한 것 아니에요?"

내 대답을 들은 외할머니가 미소를 지으면서 말씀하셨다.

"그래. 뭘 하든 네가 하고 싶은 걸 해야겠지. 그런데 철범아. 나는 네가 다른 사람을 위해서 살았으면 한다."

나는 살짝 기분이 나빠졌다. 갑자기 나 혼자만 잘 먹고 잘살려고 하는 이기적인 사람으로 매도된 기분이었다. 뾰로통해진 나는 아무런 대답을 하지 않고 계속 TV만 바라봤다. 외할머니의 시선 역시 TV에 머물러 있었지만 사실 우리 둘 다 TV 따위에는 관심 없었다.

"할미 인생을 말해줄까? 할미는 원래 대지주 집 딸이었어. 경북 영천에 조교동 그 땅이 거의 다 우리 거였지. 아마 그 땅을 아직까지 가지고 있었으면 벼락부자가 됐을 거야."

외할머니와 십 년을 살았지만 이런 이야기는 처음 들었다. 나는 호기심이 생겨 외할머니의 말씀에 귀를 기울였다.

"그런데 열아홉 어린 나이에 사랑하지도 않는 사람한테 시집 갔고 일본으로 건너가 고생만 죽어라 하면서 살았지. 그리고 한 국으로 돌아오는 배에서 우리나라가 해방이 되었다는 소리를 들 었어."

"그래서요?"

나는 리모컨으로 TV 소리를 줄이고 외할머니를 쳐다봤다.

"그 후로 지금까지 온갖 고생 다 하면서 육 남매를 키워왔다. 그 러고 보니 그중에서 너희 엄마가 제일 똑똑했지. 좀 대들기는 했 어도."

나는 피식 웃었다. 외할머니도 잠시 미소를 짓더니 조용히 말 씀하셨다.

"그 많던 재산도 다 까먹고 자식들도 다 키워 보내고 이제 죽을 때가 다 됐네."

죽을 때가 다 됐다는 그 말에 나는 갑자기 우울해졌다.

"오래 사셔야죠."

"아니다. 내가 괜히 다쳐서 안 그래도 힘든 너희 엄마를 더 힘들 게 하잖니. 할미는 이제 주위 사람들한테 피해 안 주고 그냥 하나 님 곁으로 가고 싶다."

나는 가슴이 철렁 내려앉았다. 독실한 신앙인이었던 외할머니는 거의 매일 한 시간 이상씩 기도를 했는데 대부분이 실제로 이뤄졌다. 살 집을 마련해 달라는 기도도 이뤄졌고, 나와 같이 살게 해달라는 기도도 이뤄졌다. 그러니 '이제 하나님 곁으로 가고 싶다'는 외할머니의 말에 가슴이 덜컹할 수밖에 없었다.

"자식들도 다 키우고 영감쟁이도 먼저 떠났어. 너도 이제 수능이 끝났으니 할미는 이 세상에서 할 일 다 했다. 이젠 그냥 쉬고 싶어."

"아니죠. 오래 사셔서……."

나는 말을 끝낼 수 없었다. 갑자기 눈물이 핑 돌았기 때문이었다.

"철범아, 이 나이가 되면 사람은 누구나 자신을 돌아보게 된다. 그러면 뭐가 기억에 남는 줄 아니? 좋은 거 입고 좋은 거 먹었던 거, 돈을 많이 벌고 사람들한테 칭찬 들었던 거, 그런 거 하나도 기억에 안 남아."

무슨 말씀을 하려는 걸까? 외할머니는 잠시 허공을 바라보더니 나지막하게 그러나 확실한 어조로 말씀하셨다.

"내가 다른 사람을 위해 살았던 순간, 내 주위 사람들을 사랑하고 그들을 위해 희생했던 그런 보람된 때만이 남는 거야. 인생을 80년 살아도 남는 건 그것밖에 없어."

외할머니의 말을 듣자 머릿속이 복잡해졌다. 사실 내가 늙어서 스스로의 인생을 돌이켜보았을 때 무엇이 가장 기억에 남을지는 생각해 본 적이 없었다. 학과 선택 문제도 마찬가지였다. 단순히 몇 년 앞만을 내다보고 취직에 도움이 되는 학과, 전망이 있고 좋아 보이는 학과를 선택하려고 했다.

'나는 어떤 인생을 살아야 할까? 단 한 번뿐인 인생인데 무엇을 하면서 살아야 보람된 인생이라 할 수 있을까? 내가 외할머니의 나이가 되었을 때 내 인생에는 무엇이 남게 될까?'

생각에 잠겨 있는 나에게 외할머니는 계속 말을 이어가셨다.

"너를 키운 건 이 할미의 인생에서 가장 보람된 일 중에 하나였다. 네가 앞으로 뭘 하든지 그건 네 맘이지만 다만 나는 네가 너 혼자만 잘 먹고 잘살지 말고, 주위 사람들이나 이 사회를 위해서 헌신하는 사람이 됐으면 좋겠다. 할미는 항상 그렇게 기도하고 있단다."

외할머니의 한 마디 한 마디가 뼈에 박히는 느낌이었다. 나는 외할머니의 말을 잊지 않기 위해 속으로 되뇌고 있었다.

"나중에 성공하면 너희 엄마한테 잘해드려라. 널 위해서 한평생 고생만 한 여자다. 그리고 작은 이모한테도 은혜 갚고……. 우리가 북삼에 살면서 어려울 때 너희 이모가 치약, 비누, 라면 같은 것 보내주면서 많이 도와줬었다."

나는 외할머니가 왜 이런 말씀까지 하는지 의아해졌다. 마치 무슨 유언을 하는 분위기 같았다. 사실 내가 수능이 끝나자 외할머니에게서는 묘한 분위기가 느껴졌다. 외할머니는 마치 자신이 세상에서 할 일을 모두 끝낸 사람 같아 보였다. 더 이상 세상에 미련이 없는 듯한 그 모습에 나는 왠지 불안해졌다. 그런 내 마음을 아시는지 모르시는지 외할머니는 말을 이어가셨다.

"그리고 너희 아버지……. 그 자식 만나거든 그래라. 옛날에 같이 화투 치다가 빌려 간 돈 갚으라고."

나는 웃음을 터트렸다. 여든이 넘었어도 유머 감각은 변함이 없는 외할머니였다.

자신이 하고 싶은 일을 하되 다른 이를 위하는 삶은 어떻게 살수 있을까? 서울대 자연과학부에 진학하는 것이 그런 삶에 도움이 되는 것일까? 고민을 해봤자 소용없었다. 원서는 이미 썼으니까. 그리고 별다른 일이 없는 한 무난하게 합격할 것 같았다.

외할머니와의 이별

그 후로 며칠이 지나 나는 서울에 올라왔다. 특차로 지원했던 서울대학교 자연과학부 면접이 있었기 때문이었다. 면접 전날 모텔에 방을 잡고 예상 문제를 읽고 있는데 문득 핸드폰이 울렸다. 어머니였다.

"철범아, 지금 당장 대구로 내려와라."

아니, 이건 또 무슨 말씀이시지? 내일이 면접인데 지금 당장 대구로 내려오라니? 그러나 전화기에서 들리는 어머니의 말을 듣고는 한동안 충격에서 벗어나질 못했다. 도저히 믿을 수 없는 말이었다.

"어젯밤에……. 외할머니께서 돌아가셨다."

받아들이기 힘들었다. 불과 며칠 전까지만 해도 건강하셨는데……. 외할머니가 비록 병원에 누워계셨긴 했지만 허리를 약간 삐끗하셨을 뿐 다른 큰 병이 있던 것도 아니었다.

나는 전화를 끊자마자 서둘러 짐을 챙겨 모텔을 빠져나왔다. 십 년간 나를 키워준 외할머니께서 돌아가셨는데 면접이 다 무슨 소용인가. 대구행 기차에 급하게 몸을 실었다.

기차를 타고 가는 내내 며칠 전 TV를 보면서 외할머니와 나누었던 말들이 생각났다. 결국 그날 하셨던 말씀이 외할머니의 마지막 유언이 되었다. 그때 외할머니도 그 사실을 알고 있었을 것이라는 생각을 떨쳐버릴 수가 없었다.

나이가 많으신 분들은 자신이 세상을 떠날 때가 되면 어렴풋이 그 순간을 알게 되는 것 같다. 그리고 인간은 생명의 끈을 스스로 놓을 수도 있다고 나는 믿고 있다. 이 세상에서 자신이 해야 할 일을 모두 완수했다고 느낄 때, 혹은 삶 속에서는 더 이상 바랄 것이 없거나 먼저 떠난 다른 이를 그리워하는 이유들로 인해 말이다. 이건 자살과는 다른 얘기고 삶을 포기한다는 뜻도 아니다. 외할머니는 살아계실 적 늘 입버릇처럼 이렇게 말씀하시고는 했다.

"내가 너희들 다 키우기 전까지는 못 죽지. 하나님도 그 전까지는 절대 안 데려가실 거야. 너희들이 다 크면 그때 죽어야지. 괜히 치매 같은 것 걸려서 주위 사람 고생시키지 말고 그냥 자다가 편안히 가고 싶어."

결국 외할머니께서는 평소에 원하시던 그런 죽음을 맞으셨다. 이 세상에서 자신이 살아온 삶에 대해 만족하면서, 이제는 조용한 휴식을 선택하려는 인간에게 죽음은 전혀 두려운 것이 아닐 것이다. 오히려 기다려지는 그 무엇이고, 살아오면서 겪은 어떤 안락함보다도 편안한 그 무엇이리라. 병풍 뒤에 누운 외할머니의 얼굴에는 이제껏 한 번도 본 적이 없었던 편안한 웃음이 깃들어 있었기에, 나는 할머니의 마지막 마음을 알 수 있었다.

—

외할머니가 내게 남긴 것

—

장례가 모두 끝나고 외할머니의 시신은 화장되었다. 영혼이 빠져나간 외할머니의 빈 육신은 들것에 실려 이글이글 타오르는 화로 속으로 밀려들어 갔다. 화로의 문이 닫히자 손바닥만 한 유리창 사이로 노랗게 타오르는 불꽃이 보였다.

이글거리는 불꽃을 보고 있자니 오랫동안 잊고 있던 일들이 떠올랐다. 초등학교 4학년 때 어머니의 손에 이끌려 외할머니에게 오게 된 그때. 처음에는 외할머니가 무서웠다. 아버지를 두고 하섰던 '인간 말종'이란 말을 그대로 따라 했다가 맞은 적도 있고, 욕실에 유성물감으로 그림을 그렸다가 맞은 적도 있고, 조각칼로 외할아버지가 아끼셨던 코끼리 조각상을 난도질해서 맞은 적도 있었다. 그러고 보니 다 내가 잘못해서 맞았다.

언젠가 할머니는 나 보고 산에 다녀오라 한 적이 있었다. 야무진 나무를 골라 내가 맞을 회초리를 꺾어 오라는 것이었다. 심술이 난 나는 야무진 나무 대신 코스모스를 한 아름 꺾어다 드렸다. 그런데 웬걸, 코스모스 줄기로 맞는 것이 그렇게 따가운지 그때 처음 알았다.

그러나 그런 외할머니의 가슴속에는 밖으로 잘 표현되지 않았던 깊은 감정이 있었다. 바로 나에 대한 사랑과 헌신이었다. 어릴 때는 그것을 몰랐지만 커가면서 점점 깨닫게 되었다.

✦

언젠가 고등학교 때 심하게 체한 적이 있었다. 한밤중에 배가 너무 아파서 데굴데굴 구를 정도였는데, 어찌나 아픈지 비명조차 나오지 않았다. 물론 그때는 그게 체한 것이라는 사실을 몰랐기 때문에 큰 병에 걸려서 이대로 죽는 줄로만 알았다.

그러나 나보다 더 놀란 건 외할머니였다. 이것저것 해보다가 효과가 없자 할머니는 결국 내 배에 손을 얹고 기도를 했다. 어두컴컴한 방 안에서 나는 외할머니가 나를 정말 사랑한다는 것을 그때서야 깨달았다. 내 배 위로 외할머니의 눈물이 끊임없이 떨어지고 있었기 때문이었다. 기도 덕분인지는 몰라도 나는 아픔이 점점 사라져 가는 것을 느낄 수 있었다. 그리고 곤히 잠이 든 나는 다음 날 깨어났을 때 놀랄 수밖에 없었다. 외할머니가 아직까지도 기도를 하고 계셨던 것이다.

그 모습을 본 순간 외할머니에게 너무나 죄송했다. 내가 아프다는 것이 그렇게 외할머니를 걱정하게 만드는 것인지 미처 몰랐다. 언젠가 형편없는 수학 점수로 외할머니에게 맞은 걸 어머니에게 일러바쳤을 때 어머니가 한 말의 의미를 그날에야 알게 되었다. 이렇게 건강하게 지내는 것도 전부 외할머니 덕택이라고. 누군가가 나를 사랑하고 지켜주려는 힘이 나를 이렇게 건강하게 살도록 하는 것이라고.

고등학교 2학년 때 우리를 괴롭히던 빚쟁이들도 지쳐서 돌아간 후 세상이 왜 이러냐고 외할머니에게 불평을 늘어놓았다. 외할머니는 아무 말도 하지 않았고, 나는 세상을 원망하며 잠들었다.

그날 새벽, 어디선가 부스럭거리는 소리가 들려 잠이 깼다. 연탄 보일러실에 외할머니가 계신 것 같았다. 나는 가만히 누워 외할머니가 방으로 돌아가기만을 기다렸다. 그리고 한참 뒤 화장실

에 가는 척하며 조용히 밖으로 나왔다.

연탄 아궁이를 확인해 보았다. 아궁이는 두 개였다. 하나는 외할머니 방으로 연결된 것이었고, 하나는 내 방으로 연결된 것이었다. 외할머니 방으로 연결된 아궁이 속에 들어 있는 연탄은 이미 차갑게 식어 있었다. 그러나 내 방으로 연결된 아궁이에는 새로 갈아 넣은 연탄이 빨간 불빛을 내며 타들어 가고 있었다.

세상 모든 일에는 이유가 있다. 누군가의 편안함 뒤에는 다른 누군가의 헌신이 있다. 내가 자는 방이 아침까지 따뜻했다면 그건 새벽 3시에 알람을 맞춰 놓는 외할머니가 계셨기 때문이다.

우리 집은 가난했지만 솔직히 말해서 나는 그 가난을 느낄 수 없었다. 그건 외할머니가 홀로 그 가난을 짊어졌기 때문이리라. 그러면서도 외할머니는 단 한 번도 힘든 내색을 하지 않았다. 새벽 3시에 맞춰진 시계와 새로 갈아진 연탄. 그것은 내가 세상을 어떻게 바라보아야 하는지에 대한 가르침이었다. 말이 아닌 삶으로 직접 보여주는 가르침.

✦

불이 꺼지고 화로의 문이 열렸다. 외할머니의 시신이 있던 자리에는 이제 하얀 가루만이 남아 있었다. 어떻게 살던 사람이든 결국은 한 줌 가루로 남는다. 나는 그때 처음으로 삶의 끝이 어떠한가를 눈으로 직접 보았다.

나도 언젠가는 저렇게 한 줌 가루로 남겠지. 그때 나는 무엇을 남기고 가게 될까? 남아 있는 사람들은 나를 어떻게 기억하게 될까? 부디 다른 이를 위해 헌신하며 살아가라는 외할머니의 마지막 말이 자꾸 머릿속을 떠나지 않았다.

PC방에서 듣게 된 합격 소식

"특차 때 썼던 서울대 자연과학부에 다시 원서를 넣어보지 그러냐?"

3학년 때 담임이었던 김지훈 선생님이 말씀하셨다. 점수에 맞춰 넣은 자연과학부 특차에 떨어져 정시 모집 원서를 쓰기 위해 모교인 경신고등학교에 찾아온 것이었다.

"아뇨, 어차피 거기는 원래부터 갈 생각이 있었던 것도 아니었고 지금은 좀 생각이 바뀌었어요."

"어떻게 바뀌었는데?"

"그냥, 원래 가려고 했던 공대를 가려고요."

그러자 선생님은 잠시 생각하더니 배치기준표를 보면서 말씀하셨다.

"전기전자나 컴퓨터공학 쪽으로 가면 입학하고 나서도 공부를 많이 해야 할 거다. 솔직히 그런 학과가 없는 대학이 어디 있겠니? 그런 곳은 이미 공급이 꽉 찬 학과야. 졸업하고 나서도 경쟁이 상당히 치열하지."

옳은 말씀이었다. 많은 학생들이 그런 계통의 학과로 진학한다는 사실을 나도 알고 있었다. 인력이 많으면 많을수록 그 인력의 가치는 그만큼 떨어지는 법. 나는 고개를 끄덕였다. 선생님은 말을 이었다.

"조선해양공학과는 어떠냐? 조선해양공학과가 있는 학교는 전국에서 11개 학교밖에 안 되는데, 서울대 말고는 목포대학교나 울산대학교 뭐 다 이런 곳이다. 그러니까 졸업하고 나서도 경쟁이 거의 없다고 봐야지. 이 학과에 진학하면 앞으로 네가 상당히 편할 거다."

솔깃한 말이었다.

"너도 알다시피 우리나라 조선 산업은 생산력과 기술력 모두 세계 1위잖니. 그러니까 서울대 조선해양공학과를 나오면 거의 미래가 보장되는 셈인 거야."

"음. 괜찮은 것 같은데요."

결국 나는 조선해양공학과에 지원하기로 했다. 그러나 불안한 마음을 떨칠 수가 없었다. 바로 내신 때문이었다. 당시에는 비교내신이라는 제도가 있었는데, 그해 수능 성적으로 내신점수를 새로 받는 것이다. 그런데 서울대학교는 삼수생부터 비교내신을 적용해 주었기에, 재수생이었던 나는 비교내신의 혜택을 받을 수 없었다.

소수점 1~2점 차이로 당락이 결정되는 것이 입시다. 게다가 수험생들은 배치기준표에 적힌 대로 지원할 것이니 같은 학과에 지원한 학생들의 수능 점수는 다 거기서 거기일 것이다. 그런 상황에서는 내신의 중요성이 그만큼 커질 수밖에 없다.

그러나 지금 와서 이런 걱정을 한들 무슨 소용인가? 나는 내가 할 수 있는 일을 모두 끝냈다. 주사위는 던져졌고 화살은 시위를 떠났다. 남은 것은 기다리는 일뿐. 초조하게 기다리는 자에게도, 담담하게 기다리는 자에게도 어차피 시간은 똑같이 흐른다.

당신의 승리를 축하합니다

어느덧 합격자 발표 날이 다가왔다. 나는 내가 그렇게 참을성

이 없는지 몰랐다. 도저히 초조해서 발표 시간까지 기다릴 수 없었다. 아침부터 계속 ARS 합격자 안내 번호로 전화를 걸어댔다. 그러나 "아직은 합격자 발표 기간이 아닙니다"라는 말만 반복해서 나올 뿐이었다. 기다리는 것이 힘들어서 도저히 견딜 수 없었다. 차라리 PC방에 가서 게임이나 해야겠다고 생각했다.

물론 합격자 발표를 앞둔 이 시점에 게임 따위에 집중이 될 리가 없었다. 게임을 하는 도중에도 수시로 '어떻게 되었을까?' 하는 생각이 머릿속에 가득 찼다. 머릿속에서 온갖 불길한 생각과 흐뭇한 생각들이 어지럽게 교차했다.

그때만큼 시간이 느리게 간 적도 없었다. 1분 1초가 정말 견디기 힘들었다. 마치 러시아룰렛을 하는 기분이었다. 누군가 실탄한 발이 든 연발권총을 내 머리에 대고 방아쇠를 만지작거리는 소리를 듣고 있는 기분. 이렇게 긴장되고 힘들 거면 차라리 불합격했다는 소식을 빨리 듣는 게 나을 것 같다는 마음조차 들 정도였다. 그렇게 초조한 마음으로 게임에 집중하려 노력하고 있는데 전화가 걸려왔다. 어머니였다.

"철범아, 뭐 하고 있니?"

"음……. 스타크래프트 하고 있었어요."

"그래, 게임 좀 작작 하고……. 엄마가 알아보니까 아까 합격자 발표 났다더라."

억! 가슴이 내려앉았다. 결과가 어떻게 되었을까? 어머니가 먼저 확인했으니 이미 결과를 알고 계신 거겠지? 그러나 평소와 다름이 없는 차분한 어머니의 말투로는 어떤 결과가 나왔는지 예측하기 힘들었다. 그렇다고 물어볼 용기도 나지 않았다.

"나는 이 일로 네가 실망하지 않았으면 좋겠다. 너는 최선을 다했으니까 그걸로 된 거야."

아, 떨어졌구나. 나는 아무 말도 할 수 없었다. 경북대는 자퇴해 버렸는데……. 이제 삼수인가? 그러면 군대는 어쩌지? 온갖 생각이 머릿속을 휘저었다. 그때였다.

"수석은 아니더구나. 그래서 장학금은 없다. 축하한다. 아들!"

짜릿하다는 말을 온몸으로 체험한 순간이었다. 합격이구나! 손바닥으로 얼굴을 덮고 있다가 문득 내가 숨을 쉬고 있지 않다는 것을 깨달았다. 크게 심호흡을 했다. 끝났다. 이제 모두 끝났다. 드디어 합격했다.

모니터를 보니 상대편은 욕을 몇 마디 써놓고는 어느새 방을 나가 있었다. 내가 이겼다. 화면에 커다랗게 쓰인 글자가 마치 나의 합격을 축하해 주는 것 같았다.

"Congratulations! You are victorious!"

서울대생으로 산다는 것

"어머, 학생! 서울대학교 학생이야?"

내가 내민 학생증을 보더니 기차역 매표소 직원이 웃으면서 물었다. 나는 머쓱한 미소를 지으면서 그렇다고 대답했다.

고등학교 시절에 그토록 수없이 그려본 장면들이 이제 현실 속에서 내가 주인공이 되어 펼쳐진다는 것이 마냥 신기하기만 했다. 나는 어딜 가든지 신분증이 필요할 때면 서울대학교 학생증을 내밀었다. 지금 생각하면 얼굴이 화끈거릴 정도로 부끄러운 일이지만 그땐 왜 그렇게 자랑하고 싶었는지 모르겠다.

서울대학교는 국립대학교다. 다시 말해 공공기관이다. 그래서 당시 서울대학교 학생들은 학생증을 각종 관공서에서 신분증 대신으로 쓸 수 있었다. 국가에서 주관하는 여러 시험이나 철도역, 은행 등에서도 그렇게 쓸 수 있었다. 사립대학교 학생증으로는 불가능한 일이다. 나는 서울대학교에 들어와서야 그 사실을 알았다.

"고객님, 신분증 좀 보여주시겠어요?"라고 물어볼 때마다 나는 항상 서울대학교 학생증을 '뒤집어서' 내밀었다. 서울대학교라고 적힌 앞면이 보이게 내밀면 대놓고 자랑하는 것 같았기 때문이다. 내가 내민 학생증을 뒤집어 앞면을 보다가 깜짝 놀라는 상대방의 표정을 보는 것은 내 즐거움 중 하나였다.

신분이 바뀌었다는 말이 정확한 표현일 것 같다. 어딜 가도 부러움과 존경의 시선을 받았다. 학교를 밝히면 사람들의 눈빛이 달라지고 표정이 달라지고 말투가 달라졌다. 아직 세상에 대해서 아무것도 모르는 스무 살 애송이였지만 서울대학교라는 감투가 씌워지니 사람들의 대우가 달라졌다.

학교의 정식 명칭이 주는 자부심도 컸다. 서울대학교의 영문 명칭은 'Seoul National University'인데 선배들이나 친구들이 'National'이라는 이 단어를 무척 좋아했다. 서류에 학교명을 적을 일이 있으면 서울대학교라고 쓰지 않고, '국립 서울대학교'라고 적는 친구들도 많았다. 그러니까 '나는 국가에서 키우는 인재다!' 뭐 그런 자부심이 있는 것 같았다. 그리고 나도 어느새 그런 프라이드에 물들어 가고 있었다.

✦

그러나 시간이 지나자 조금씩 달라지기 시작했다. "우와! 정말 서울대생이에요?"라는 반응이 그리 기분 좋지만은 않았다. 오히려 부담스러울 때가 많았다. "서울대생이 그것도 몰라요?"라는 말을 몇 번 듣다 보니 모르는 것을 아는 체하게 되기도 했다. 게다가 "서울대생이 왜 그래요?"라는 말을 들을까 봐 항상 말과 행동을 조심하느라 경직되기도 했다.

있는 그대로의 나 자신이 아니라 학벌이나 간판만으로 평가받는 느낌도 자주 들었다. 나라는 존재가 마치 아무런 생각이 없는 인형 같았다. 사람들이 박수를 쳐주고 좋아하니까 자기도 덩달아 좋아하면서 춤을 추는 인형.

언제부터인가 나는 다시 학생증 대신 주민등록증을 사용하기 시작했다. 어쩌다 공부를 잘하게 되면서 시야가 많이 좁아져 있었나 보다. 어느새 머릿속엔 1등, 칭찬, 성적표, 수능 대박, 서울대 이런 것들로만 가득 차 있었다. 그러다 막상 서울대에 들어오고 사람들의 칭찬에도 별다른 감흥이 없어지자 조금씩 정신이 들기 시작했다.

"나는 정말 뭘 하고 싶은 걸까? 어떻게 살고 싶은 걸까?"

내가 바라는 삶

우리나라의 많은 학생들은 대부분 성적에 맞춰 대학교에 진학한
다. 그리고 대학교에 와서야 자신의 미래에 대해 구체적으로 생
각하는 경우가 많다. 슬픈 현실이지만 나 역시 그런 현실에서 비
켜서 있지는 않았다. 대학교에 들어와서야 나는 미래의 진로와
삶을 좀 더 구체적으로 생각해 보게 되었다.

    서울대 공대생들은 대학원에 진학한 후 대기업에 연구원으로
취직하는 경우가 많았다. 전기전자학과 학생들은 삼성전자 같은
대기업에 입사해 반도체 같은 것을 연구할 것이고, 조선해양공학

과 학생들은 현대중공업 등에 입사해 선박이나 해양구조물을 연구하게 될 것이다. 대기업 취업은 연봉이나 고용 안정성 면에서 이루 말할 수 없이 좋은 기회다.

또 다른 학생들은 석사나 박사 과정을 계속 밟아나간다. 필요하다면 미국이나 유럽 등에 유학을 가서 석박사 과정을 이수한다. 그들의 꿈은 대학 교수가 되어 학문 연구를 계속하는 것이다. 그것 역시 사회적으로 존경받는 매우 훌륭한 직업이다.

나는 뭘 할까……. 연봉을 몇 억씩 받는 유능한 엔지니어도 좋고, 사회적인 지위가 보장된 교수도 좋지만 왠지 그 어떤 길에도 마음이 끌리지 않았다. 뭐랄까, 예전에는 그렇게 들어오고 싶어 했던 서울대 공대였지만 막상 들어오고 나니 내가 원하는 삶과는 맞지 않다는 것을 조금씩 느끼기 시작한 것이다.

✦

나는 독립적인 일을 하고 싶었다. 특정 회사나 거대한 조직에 매인 직원이 아니라 나만의 고유한 업무 영역을 가지고 있으며 그에 따른 결과도 오로지 내가 책임지는 그러한 일을 하고 싶었다. 그러니까 의사나 변호사처럼 개인이 하나의 운영 주체가 되는 그런 독립적이고 창의적인 일에 마음이 끌렸다.

만약 내가 의사가 된다면 어떻게 될까? 물론 슈바이처 같은 의사가 되어서 가난한 사람들을 무료로 치료해 주거나 혹은 의학 연구에 매진해서 인류의 건강 증진에 이바지할 수도 있을 것이다.

그러나 내가 그렇게 살게 될까? 주위를 보면 아파트 단지 구석구석까지 병원이 없는 곳이 없다. 의사가 넘쳐나는 시대에, 폐업하는 병원이 속출하는 시대에 나는 과연 경제적인 면에서 자유로울 수 있을까?

어쩌면 나도 돈에 눈이 멀어 멀쩡한 사람에게 수술을 권한다거나 'XX전문병원'이라는 간판을 달고 허위 의료보험 청구서를 열심히 작성하면서 평생을 살게 될지도 모를 일이다. 그것은 내가 원하는 삶이 아니었다.

목 좋은 곳에 병원을 차리고 장사를 잘하면 돈은 많이 벌 수 있을지 모른다. 그러나 그렇게 살 거면 굳이 의사가 되지 않아도 된다. 돈 많이 벌고 편안한 직장을 원한다면 지금 학과만큼 좋은 곳이 없기 때문이다. 이 분야는 의대처럼 5년간 인턴과 레지던트 과정을 거쳐야 할 필요도 없고, 무슨 고시에 합격해야 하는 것도 아니었다. 서울대에서 그냥 잘 공부하고 졸업하기만 하면 대기업에 취직할 수 있었고, 그러면 괜찮은 미래가 기다리고 있었다.

그러나 내가 번민하는 진짜 이유는 따로 있었다. 나는 뭔가 의미 있는 일을 하고 싶었다. 평생에 걸쳐 매달릴 만한 그런 일을 찾을 수 있다면 그것이 설령 돈벌이가 별로 되지 않는다고 해도, 알아주고 칭찬해 주는 사람이 없다고 해도 괜찮을 것 같았다.

뭔가 없을까? 어디에 매이지 않는 전문직이면서 사람들을 도울 기회가 많이 주어지는, 그러면서도 자유롭고 활동 범위가 넓은 분야에서의 삶. 과연 공대를 졸업하면 그런 삶이 가능할까? 의대에 가면 가능할까? 이런 것은 누구도 정확히 대답해 줄 수 없는 문제였다. 결국 나 스스로 찾고 선택하는 수밖에 없었다.

—

가슴이 뛰는 일을 찾다

—

마음을 괴롭히던 물음에 답을 내지 못한 채 여느 때처럼 교정을 거닐던 어느 날, 나의 운명을 바꿀 포스터를 보게 되었다.

- 인권변호사 조영래의 삶 -

강사 : 민변 박주현 변호사

사람들의 권리를 위해 헌신하는 인권변호사라······. 왠지 모르게 끌렸다. 내가 원하던 의미 있는 길을 찾을 수 있을 것 같아, 장소와 일자를 기억해 두었다가 강연에 찾아갔다.

내 기억으로는 법대 학생들이 그 행사를 주최했던 것 같다. 참여한 이들 대부분이 법대 학생들이었다. 행사 규모는 그리 크지 않았다. 조그만 교실에 이삼십 명 남짓한 인원이 참석했는데, 다들 하나같이 진지한 눈빛을 하고 있었다.

나는 정해진 시간보다 미리 도착해 배포된 책자를 읽고 있었다. 마치 극장에 앉아 영화가 시작하기를 기다리는 기분이었다. 책자에는 조영래 변호사의 삶이 간략하게 소개되어 있었다.

서울대 전체 수석으로 법대에 입학했으면서도 그는 보장된 미래를 버리고 가난한 이들과 함께했다. 사법시험에 합격하고도 반독재투쟁 때문에 감옥에 갔고, 출소한 후에도 6년간 도피 생활을 해야 했다. 이 시기에 그 유명한『전태일 평전』을 완성했다고 한다.

후에 사면 복권된 그는 변호사 활동을 시작한다. 비록 활동을 시작한 지 8년 만에 암으로 세상을 떠났지만 그가 행한 인권 변호 활동은 이후 사회에 커다란 영향을 끼쳤다. '부천 성고문 사건'의 변호 과정에서 제5공화국의 부도덕성을 여실히 드러냈고, 84년 서울 대홍수 때는 물에 잠긴 2,400여 세대의 소송을 맡아 3년 동안의 끈질긴 싸움 끝에 결국 승리를 이끌어냈다. 우리나라 사법 사상 최초의 주민 집단 소송이었다.

그는 수많은 인권 변호 활동을 하며 국민의 기본권 보호를 위한 소송에 헌신했다. 대한변호사협회의 인권위원으로도 활발히 활동했고 '민주사회를 위한 변호사 모임'의 창설에 큰 기여를 한 직후 세상을 떠났다.

그래! 이런 게 산다는 거지. 나는 조영래 변호사의 일대기를 읽으면서 무릎을 쳤다. 선박을 설계하면서 돈을 버는 것도 좋고, 이를 교정해 주면서 사회적 지위를 얻는 것도 좋겠지만 그게 내가 원하던 삶은 아니었다. 좋아 보이는 삶과 원하는 삶은 분명히 다른 것이다. 나는 조영래 변호사의 일대기를 읽으면서 이런 삶을 살게 된다면 훗날 스스로 만족할 수 있을 것 같다는 생각이 들었다.

강사로 초빙된 박주현 변호사님의 강연은 매우 인상적이었다. 단아한 외모와는 다르게 또박또박 이어가는 말속에는 확신이 녹아 있었다. 그녀가 말해주는 자신의 선배 조영래 변호사의 삶은 또 다른 느낌이었다. 나는 시간 가는 줄 모르고 강연에 빠져들었다.

강연이 끝난 후 질문과 토론 시간이 되었다. 아마 주제가 '오늘날 법조계의 문제'였던 것으로 기억한다. 많은 학생들이 자신이 법조계에 대해 느끼고 있던 다양한 문제점을 지적했다. 그러면 박주현 변호사님이 거기에 대해 답변을 하거나 자신의 생각을 말했다.

보고 있자니 재미있어서 나도 한마디 해보고 싶었다. 그래서 나는 공대생 신분(?)을 망각한 채 손을 들고 말했다.

"제가 보기에는 패거리 문화가 가장 큰 문제점입니다. 우리 법조계는 출신 학교나 지역, 근무했던 곳 등을 기준으로 끼리끼리 서로 모이는 경향이 너무 강합니다. 유대감이 높아진다는 장점도 있겠지만 공과 사의 구분이 애매해지게 되는 부작용이 더 큽니다."

그러자 박주현 변호사님께서 흥미롭다는 듯 나를 바라보며 질문했다.

"그럼, 학생 분은 이것을 어떻게 해결해야 한다고 생각하나요?"

"극복하자, 극복하자, 아무리 외쳐도 해결될 문제는 아닌 것 같습니다. 그러니까 의식을 개혁하는 방법으로는 한계가 있다고 생각합니다. 대신 이를 통제할 수 있는 사회지도층의 리더십이나 시스템을 보완하는 일이 먼저 해결되어야 할 것 같습니다."

그러자 박주현 변호사님은 고개를 끄덕이더니 맞는 말이라고 했다.

✦

강연이 끝나고 건물을 나서자 그동안 봐왔던 서울대학교의 교정이 새롭게 보였다. 해야 할 일과 하고 싶은 일이 일치하고 그것을 완벽하게 끝냈을 때 느끼는 기분. 나는 법학이라면 그런 기분을 계속 느끼면서 살 수 있을 것 같다는 생각이 들었다. 며칠 동안의 고민 끝에 나는 법학에 마음이 기울고 있는 스스로를 인정하지 않을 수 없었다.

하지만 나는 공대생이었다. 아무리 법학이 매력적으로 보인다고 해도 섣불리 진로를 바꿀 수는 없었다. 인생의 진로를 결정하는 문제이니 충동적으로 결정하면 훗날 후회하게 될 수도 있었다. 좀 더 신중할 필요가 있었기에 나는 법대 강의를 들으면서 좀 더 법학에 대해 알아봐야겠다는 생각이 들었다.

철범이 너 공부 안 하는구나?

한동안 그렇게 법대 수업을 청강하러 다니면서, 나는 법학에 대해 알아가고 있었다. 알면 알수록 확실해졌다. 법조계로 가는 것이 나의 길이다! 그러자 진로 결정보다 더 어려운 결정이 나를 기다리고 있었다. 그래서 어떻게 갈 것인가.

서울대 공대를 계속 다니면서 사법시험에 도전할까? 아니면 수능을 다시 쳐서 법대로 새로 들어갈까? 수능을 다시 치는 것은 아무래도 부담이 컸다. 이과에서 문과로의 대전향이었기 때문이다. 게다가 수능 공부는 질릴 대로 질렸다. 이미 고3 생활을 두 번이

나 했다. 다시는 하기 싫었다. 서울대 재학생이라는 달콤한 신분을 포기하고 삼수생으로 우울하게 사는 것도 싫었다.

서울대 공대를 다니면서 사법시험을 통과하면 시간도 절약하고 첨단산업에 특화된 변호사로서 나중 경력에 도움이 될 것 같기도 했다. 결국 나는 조금 더 안전한 카드를 뽑기로 했다.

곧바로 신림동 고시원에 방을 얻었다. 작년도 사법시험 차석이 이 고시원에서 나왔단다. 과연 방도 따뜻하고 깨끗하면서, 주인 아주머니도 친절했다. 밥은 세 끼 모두 제공되었는데 매일 다른 국에 저녁마다 고기반찬이 나왔다. 이 정도면 사법시험 차석이 나올 만하다는 생각이 들었다.

고시원에 앉아 법률 서적을 읽어 나갔다. 딱딱하고 어려운 말들이 대부분이었다. 왠지 이건 옳은 방식이 아닌 것 같다는 생각이 들었지만 참고 읽었다. 마음은 벌써 법조인의 길에 들어서 있던 나는 눈이 어두워져 있었다. 들뜬 마음에 상황을 보지 못하고 조급하게 공부했다. 무엇이 중요한 내용인지 아닌지 구별도 못하면서 무작정 외우려고 덤벼들었다.

그런 나를 깨우쳐준 것은 두 재민이 형이었다. 원재민과 정재민 형. 나는 그들을 원형, 정형이라 불렀다. 같은 고등학교 출신인 원형과 정형은 둘 다 법학과였다. 심지어 교회까지 같은 곳에 다녔는데 나는 그 교회에서 원재민 형을 먼저 알게 되었다.

내가 법조계로 뜻을 정했다는 것을 알자 원형은 여러 가지를 가르쳐주었다. 사법시험 일정이나 공부 방법, 많이 보는 책, 유명한 교수님들이나 명강의로 소문난 학원 강사들의 이름까지 알려준 사려 깊은 사람이었다.

반면 정형은 전형적인 서울대 법학과 학생의 이미지였다. 집중력 있어 보이는 눈매와 날카로운 눈빛, 그리고 비판적인 어조. 하지만 호탕한 웃음이 매력적인 사람이었다. 정형은 졸업도 하기 전에 사법시험에 일찌감치 합격한 법학과의 재원이었다.

기본부터 착실하게 쌓아야 한다

어느 무더운 여름날, 나는 원형과 함께 정형 집에 놀러 갔다. 당시 정형은 사법연수원에 다니고 있었다. 우리 세 명은 수박을 입에 하나씩 물고서는 좁은 원룸 안에 누워 뒹굴면서 수다를 떨고 있었다. 문득 정형이 말했다.

"사법연수원생 중에 하나가 그러더라. 자기 가까운 친척 중에 강남 땅 부자 아줌마가 있는데 자기 딸이랑 결혼할 생각 없냐고 그랬단다."

그러자 원형이 대수롭지 않다는 듯 말했다.

"흠. 좋네. 결혼하라 그러지 왜?"

그 말을 들은 나는 가까운 친척끼리는 결혼할 수 없다는 민법의 법률 조항이 떠올랐다. 그래서 정형에게 말했다.

"하하, 근친혼인데 어떻게 결혼하나요? 그럼 그 결혼은 무효죠."

그러자 정형이 약간 놀라면서 말했다.

"너 법 공부하고 있다고 들었는데……. 제대로 안 하는 모양이구나? 법조문에 뻔히 있는 내용인데."

나는 그 말에 무척 당황했다. 그러고 보니 이 사람들이 서울대학교 법학과 졸업반이라는 것을 깜박했다. 포클레인 앞에서 삽질한 격이었다. 옆에서 듣고 있던 원형이 수박을 한 입 베어 먹으면서 말했다

"철범아, 이 경우는 혼인 무효가 아니라 혼인 취소가 되는 경우야."

아……. 나는 아무 말도 할 수 없었다. 방 안에는 정적이 감돌았다. 수박을 베어 먹는 형들의 입맛 다시는 소리만이 들렸다.

돌이켜보니 내 공부에는 큰 문제가 있었다. 혼자 공부를 하다 보니 무엇이 중요하고 안 중요한지 구별을 할 수 없었다. 무턱대고 외워대니 정작 외워야 할 것은 그냥 지나치게 됐다. 그 때문에 나는 가장 중요한 법률 조항마저 모르고 있었던 것이다.

가슴이 철렁 내려앉았다. 이대로 가다가는 세월만 낭비하고

반드시 실패하겠구나. 그러고 보니 공대를 휴학한 상태로 사법시험을 준비하다가 만약 실패하면 어쩌지? 그럼 죽도 밥도 안 되면서 시간만 낭비하는 거잖아? 마음이 불안해서 수박이 넘어가지 않았다.

나는 벌떡 일어나 원형과 정형에게 말했다.

"죄송한데요, 형님들. 저 먼저 가볼게요."

그러자 원형이 말했다.

"왜? 이따 같이 PC방이나 가려고 했는데……."

"아니에요. 먼저 가볼게요."

"응? 그, 그래."

의아해하는 원형과 정형을 뒤로한 채 나는 거리로 나섰다. 머릿속이 복잡해졌다. 아무래도 지금의 나는 너무나 위험한 도박을 하고 있는 게 아닐까? 그래, 역시 법을 배우려면 법학과로 가는 것이 맞다. 법학과로 가서 기본부터 착실하게 다시 배우자. 그래야 사법시험에도 합격할 확률이 높아질 것이다. 그리고 설령 합격하지 못한다 해도 법학과에서의 배움이 졸업 후에도 내가 원하는 인생을 사는 데 도움이 될 것이다.

여기까지 생각이 이르자 결국 학과를 바꾸는 것이 옳은 길이라는 확신이 들었다. 그러나 어떻게 학과를 바꿀 것인가? 세 가지 선택권이 있었다.

첫째, 전과 제도를 활용할 수 있었다. 대부분의 대학이 그렇듯이 서울대에도 전과 제도가 있다. 대학교 1~2학년 성적이 좋고 지원하고자 하는 학과에서 치르는 시험과 면접을 통과하면 원하는 학과로 바꿀 수 있다.

그러나 내 상황에서 전과 제도를 이용하기에는 문제가 많았다. 일단 경쟁률이 너무 치열했다. 내 전공인 공과대학의 학점 관리를 거의 완벽하게 해야 할 뿐 아니라 전과 시험까지 따로 준비해야 했다. 그리고 한 번 떨어지면 두 번 다시는 기회가 없었다. 그렇기 때문에 아직 저학년인 내가 전과 제도를 활용해서 법학과로 옮기겠다고 결정하는 것은 너무나 무모한 선택이었다.

둘째, 편입을 고려해 볼 수 있었다. 그러려면 지금 다니고 있는 대학을 일단 졸업해야 한다. 4년 동안 얌전히 공대를 다닌 후에 또 1~2년간 편입 시험을 준비해야 한다. 만약 운이 좋아서 극악의 경쟁률을 뚫고 법학과로 들어가게 되면 또다시 2년을 더 공부해야 했다. 이것도 역시 무모하고 비효율적인 방법이었다. 성공한다 해도 너무 오랜 기간을 에둘러 가는 길이었다.

결국 내가 취할 수 있는 옵션은 하나밖에 남지 않았다.

세 번째 수능

"수능을 다시 보겠다고? 나는 반대다."

언제나 나를 믿어주고 내 결정을 존중해 주던 어머니였다. 그래서인지 어머니의 반대가 더욱 의아하기만 했다. 왜냐고 물어보자 어머니가 대답했다.

"공부를 잘한다고 다 서울대 법대를 갈 수 있는 게 아냐. 실전에서 실수로 한두 문제 틀리면 1년 공부가 허사가 되잖니. 운이 너무 크게 작용한다. 운에 인생을 걸 수는 없잖니?"

"서울대 법대를 가고 싶은 게 아니에요. 법대를 가고 싶은 거지."

그러자 이번에는 어머니께서 의아해했다. 그리곤 나의 의중을 확인했다.

"그러면 굳이 서울대가 아니라도 법대라면 괜찮다는 말이냐? 네 수능 점수에 맞춰서?"

그렇다고 하자 어머니가 걱정스런 말투로 물었다.

"만약 성적이 예전보다 떨어져서 한양대나 성균관대 법대를 가야 된다고 치자. 그래도 서울대를 버리고 그곳에 갈 거냐? 만족하며 다닐 수 있겠냐?"

나는 주저하지 않고 고개를 끄덕였다. 진심이었다. 서울대라는 달콤한 신분이 어떤 건지는 이미 알았다. 과외비를 조금 더 받고 어디를 가나 사람들의 관심을 한 몸에 받는 것. 나를 향한 사람들의 기대치가 올라가고 존경의 대상이 되는 것. 나이를 먹을수록 정도의 차이가 있을 뿐 계속 그런 식으로 살 것이다.

그러나 나는 이제 굳이 서울대라는 학벌에 연연하지 않기로 결심했다. 1등이 아니라도 좋다. 나는 내가 원하는 삶을 살고 싶었다. 그런 내 결심을 알자 어머니도 결국 승낙했다.

그래도 여전히 집안의 경제적인 지원은 기대하기 힘들었다. 모든 것을 나 스스로 해결해야 했는데 그건 사실 큰 문제는 아니었다. 공부할 시간이 많이 줄어들기는 하겠지만 아르바이트를 하면 되니까. 학원 강의와 과외를 하면 생활하는 것은 문제가 없을 것이다.

다만 학원을 다녀야 할지에 대해서는 고민이 되었다. 독학으로 공부하는 것이 힘들다는 건 물론 잘 알고 있었다. 자기 관리가 안 되기 때문이다. 그래도 선택의 여지가 없었다. 오전부터 오후까지 학원 수업을 듣고 저녁에 아르바이트를 한다면 혼자 공부할 시간은 거의 없게 된다. 그건 치명적이다. 혼자 하는 공부가 진짜 공부이기 때문이다.

공부보다 재미있는 것은 하지 않는다

학원을 다니지 않기로 결정하며 가장 중요한 원칙을 세웠다.

'오전과 오후에는 내 공부를 하고, 저녁에는 아르바이트를 해야 겠다. 이 전략이 성공하기 위해서는 게을러지지 않는 것이 필수다. 철저한 자기 관리가 없다면 반드시 실패할 것이다.'

공부는 신림동의 고시원에서 하기로 했다. 아침에 일찍 일어나는 것은 생각보다 어렵지 않았다. 비결은 아침밥이었다. 나는 생선구이를 좋아하는데, 고시원에는 아침 메뉴로 생선구이가 자주 나왔다. 그래서 아침 식사 시간이 되면 아무리 졸려도 반드시 식당으로 내려갔다. 마치 불타오르는 것처럼 뻗친 머리와 반쯤 감긴 눈을 하고서.

밥을 먹고 나서는 잠시 산책을 하며 몸과 마음을 정돈했다. 그러고는 방으로 돌아와 공부를 시작했다. 문과 공부는 어렵지 않았다. 국어 영역은 문과와 이과가 차이가 없었으니 하던 대로 하면 되었다. 수학은 공부할 필요가 없었다. 이래 봬도 나는 입시학원에서 이과생들에게 수학을 가르치는 강사였다.

영어와 사회 탐구에 가장 많은 신경을 썼다. 두 과목 다 머리보다는 부지런함을 요구하는 과목이다. 끊임없이 이해하고, 외우고, 정리해야만 고득점을 얻을 수 있었다. 나는 그 과정을 묵묵히 수행해 나갔다.

공부는 어렵지 않았다. 정작 어려운 것은 잡기의 유혹을 뿌리치는 것이었다. 어쩌면 당연한 일이었다. 이제 나는 성인이었다. 뭐든지 할 수 있는 나이였다. 친구들과 어울려 술도 마시고, 클럽도 가고 싶었다. 여자친구도 사귀고 싶고, PC방에서 밤도 새우고 싶었다.

고시원에 사니 누구의 감시도 없는 데다 아르바이트로 돈까지 손에 쥐고 있으니 마음만 먹으면 바로 저지를 수 있었다. 미칠 지경이었다. 그래도 참아야 했다. 잡기에 손을 대면 공부가 재미없어지기 때문이다.

공부를 잘하는 사람은 "공부가 재미있었다"라는 말을 자주 한다. 맞는 말이다. 그런데 공부가 재미있게 되는 비결은 의외로 간단하다. 공부보다 재미있는 것을 하지 않으면 된다. 그러면 공부가 제일 재미있어질 수밖에. 공부보다 재미있는 것에 손을 대면 공부가 재미없어져 버린다.

PC방에 가서 게임을 즐기고 오면 스트레스가 풀려서 공부가 잘된다는 사람들은 집중력을 타고난 사람들이다. 나 같은 경우는 오히려 그 재미를 잊지 못해 집중력이 떨어졌다. 머릿속에 놀 때의 잔상이 남아 공부에 몰입하는 것을 방해했다. 그러니 처음부터 공부보다 재미있는 것에 손을 아예 대지 않는 것이 현명한 일이었다.

다만 노는 것과 휴식은 다르다. 휴식은 반드시 필요하다. 나는 공부가 지겨워질 때면 가벼운 책을 읽거나 동네를 돌아다니며 산책을 했다. 그러고 나서 공부를 하면 또다시 집중력이 살아났다. 어떻게 보면 다람쥐 쳇바퀴 돌듯 규칙적이고 단조롭기만 한 삶이다. 그러나 원하는 결과를 얻기 위해서라면 수양하듯 루틴을 지키는 것쯤은 얼마든지 할 수 있었다. 그 기간을 견디고 나면 더 재미있고 보람찬 삶이 기다리고 있을 테니.

공부를 시작했던 첫 마음으로

법대 진학을 위해 또다시 도전한 수능에서 나는 나름대로 만족할 만한 점수를 받아냈다. 재수할 때 쳤던 수능보다 무척 어려웠던 그해 수능에서 내가 받은 점수는 400점 만점에 365점이었다. 그건 서울대 상위권 학과에 진학 가능한 점수인 동시에 고려대 법학과에도 지원이 가능한 점수였다.

그러나 서울대 상위권 학과라고 해도 법학과에 최종 합격하기는 힘들었다. 대신 서울대 문과에서 두 번째로 높은 학과인 경영학과나 사회과학대학은 합격이 가능했다.

원서를 쓸 때만큼 꿈이 흔들릴 때도 없는 것 같다. 애초에 이 공부를 시작한 이유가 법대에 진학하기 위해서였음에도, 막상 원서를 쓸 때가 되자 서울대 경영학과에 마음이 흔들렸다. 그전까지는 생각도 안 해본 학과에 말이다. 그만큼 서울대라는 학벌의 유혹은 아무리 떨쳐버리기로 다짐했어도 끝까지 끈질기게 달라붙었다.

나는 당시 구미에 살고 있던 어머니에게로 내려갔다. 당분간 어머니와 함께 지내면서 생각을 정리하고 싶었다. 어머니는 늘 그러셨듯이 이래라저래라 하지 않았다. 다만 어디를 선택하든 가지 않은 길에 대해 아쉬움이 남을 것이니 내가 정말로 원하는 것이 무엇인지 잘 생각해 보라는 말씀만 하셨다. 결국 선택은 내가 해야만 했다.

✦

원서 마감 날짜가 다가오자 초조해진 나는 구미 시립도서관을 찾았다. 책이라도 몇 권 빌려서 읽으면 마음이 진정될 것 같았다. 구미고등학교에 다니던 시절 자주 이곳에 와서 공부를 하고는 했다. 기말고사 점수에 충격을 받고 여기서 공부를 시작했던 게 엊그제 일만 같았다. 나는 새삼스러운 감상에 젖어 도서관 이곳저

곳을 돌아다녔다. 열람실에 들러 책도 빌려서 나왔다.

그리고 커피라도 뽑아서 마실 생각으로 자판기로 향했다. 순간 깜짝 놀랐다. 세상이 좁다더니 정말로 그랬다. 커피 자판기 앞에서 동전을 넣고 있는 저 사람은 분명……. 나는 눈을 의심하지 않을 수 없었다.

"야, 이창진! 여기 웬일이냐?"

나를 본 창진이가 반갑게 웃으며 답했다.

"나? 웬일이긴? 방학이잖아. 그래서 집에 내려와 있는 거지."

아……. 그렇구나. 휴학을 하고 있던 나는 지금이 대학생들 방학 기간이라는 것을 잊고 있었다. 그런데 창진이는 어느 대학교에 진학한 걸까? 물어보고 싶었지만 차마 입을 뗄 수가 없었다. 내가 물어보면 창진이도 나에 대해 물어볼 것이고, 그러면 나는 서울대에 들어갔다는 사실을 이야기하게 될 것이다. 혹시 내가 자랑하려고 처음부터 학교 얘기를 꺼냈다고 창진이가 오해할 것만 같았다.

'아니지, 내가 너무 복잡하게 생각하는 걸까? 그래도 혹시 창진이가 서울대가 아닌 학교에 진학했다면 나와 자신을 비교하면서 자존심 상해 할 텐데.'

아마 그도 같은 생각을 하고 있었던 것 같다. 창진이도 내가 구미고등학교를 떠나기 직전의 시험에서 이과 1등을 했다는 사실을 알고 있었다. 이과 1등이 진학한 대학교를 문과 1등이 궁금해하지 않을 리가 없다. 그러나 우리 둘 다 감히 먼저 묻지 못했고 대화는 겉돌고 있었다.

그러나 역시 창진이는 영원한 나의 스승이었다. 잠시의 침묵을 깨고 먼저 용기를 낸 것은 창진이었다.

"나는 연세대 경영학과에 다니고 있어."

순간 나는 당했다는 생각이 들었다. 나 같았으면 '학교는 어디 다니고 있어?'라고 물었을 것이다. 그러나 창진이는 나의 학교를 묻는 대신 자신의 학교를 먼저 밝혔다. 그것도 당당하게. 역시 창진이다웠다.

그러나 창진이가 서울대가 아닌 연세대를 다니는 것은 의외였다. 무슨 일이 있었던 걸까? 이번에도 내가 묻기 전에 창진이가 먼저 대답했다.

"아, 나 고3 때 자습 시간에 떠들고 그랬거든."

그랬구나……. 원래 공부란 놈은 질투가 많다. 오로지 자신만을 사랑하는 사람에게는 한없이 따뜻한 모습을 보이지만 잠시라도 한눈을 파는 사람에게는 혹독할 만큼의 차가움을 보이는 것이 공부라는 놈이다. 초등학교 때부터 전교 1등을 놓치지 않았던 사람이라 하더라도 예외가 될 수는 없었던 모양이다.

그렇다 하더라도 창진이가 그 결과를 받아들였다는 것이 놀라웠다. 만약 나라면 그럴 수 있을까? 충분히 더 좋은 학교에 들어갈 실력이 있는데 지금의 학교나 학과에 만족할 수 있을까? 만약 내가 창진이 입장이었다면 그럴 수 없을 것 같았다.

"혹시, 재수해서 서울대 갈 생각은 안 해봤어?"

그러자 창진이가 빙그레 웃으면서 대답했다.

"왜? 나는 원래부터 경영학과를 가고 싶었고 지금 경영학과에 다니고 있어. 그러니까 된 거지. 서울대가 아니라서 아쉽지 않냐고 묻는 사람들이 많은데 난 전혀 그런 것 없어. 고3 때 내가 논 것은 분명한 사실이고, 나는 그에 대한 정당한 대가를 받은 거야. 전혀 억울한 일이 아니지."

같은 나이인데도 언제나 내게 깊은 깨달음을 주는 멋있는 녀석. 내가 이런 녀석의 친구라는 것이 자랑스러웠다. 창진이가 물었다.

"너는 어느 학교 다녀?"

남들 앞에서 서울대라고 말하는 것이 때로는 자랑스러웠지만 이 녀석 앞에서는 왠지 부끄러웠다. 그건 내가 선택한 길에 대한 확신이 없었기 때문인지도 모르겠다. 확신을 가지고 자신이 선택한 길을 걷는 창진이 앞에서 나는 작아졌다.

"나는… 서울대… 공대……."

"이야, 공부 열심히 했나 보네? 공대가 가고 싶었나봐?"

서울대가 가고 싶었느냐고 묻지 않고 공대가 가고 싶었느냐고 묻는 창진이 말에 나는 망치로 머리를 얻어맞은 것 같았다. 이 녀석에게 학교는 문제가 되지 않는구나. 나는 회계사 시험을 준비하고 있다는 창진이 말에 너라면 반드시 될 거라고 대답해 주었다.

　　그건 진심이었다. 초등학교 시절 경시대회를 준비할 때부터 보인 집념과 성실을 갖춘 창진이라면, 자신이 가고 싶은 길이 뚜렷한 창진이라면 그 어떤 일도 가능할 것이었다.

✦

　　어쨌든 창진이와의 그 짧은 대화를 통해 나는 서울대에 대한 미련을 뿌리치고 처음에 작정한 나의 목표를 다시 떠올릴 수 있었다. 먼저 내가 미래에 하고 싶은 일을 결정하고 그 일에 맞는 학과를 정해야 한다. 그 다음 내 점수에 맞는 학교를 선택해야 한다. 이런 순서로 정해야 후회가 남지 않을 것이다.

　　그러자 놀랍게도 생각이 명쾌하게 정리되었다. 서울대 법대는 내 점수로 무리다. 서울대 경영학과에 지원하면 합격할 수는 있겠지만 그건 내 꿈과는 거리가 있었다. 결국 나는 서울대와 고려대 모두 법학과에 지원했다.

　　그해만큼 합격을 예측하기 쉬운 해는 없었던 것 같다. 원서를 쓸 때부터 이제 서울대와는 이별이고, 나의 진로는 고려대학교 법학과로 정해졌다는 것을 알고 있었다. 그리고 그 예측은 빗나가지 않았다.

아쉬움이 전혀 남지 않는다면 거짓말일 것이다. 그러나 이렇게 선택하고 나니 후회가 들지 않았다. 나는 할 만큼 했고 결과는 나왔다. 남은 것은 이제 내가 앞으로 남은 삶을 무엇으로 채우는가 하는 것뿐.

자신을 조금 더
믿어도 된다

법학과에 다니며 제대로 법을 공부하기 시작한 그때의 마음을 아직도 잊지 못한다. 나는 어떤 알 수 없는 감정이 차오르는 것을 느꼈다. 수업 시간에 교수님이 던진 질문에 대답을 못할 때조차도 기뻤다. 내가 지금 무엇을 공부하고 있는지 깨달았고, 무엇이 부족한지 알았기 때문이다. 정말 재미있다! 그래, 바로 이거야. 이게 바로 내가 원하던 공부였다.

하고 싶은 공부를 마음껏 할 수 있게 되기까지 주변 환경은 마치 세찬 물결처럼 나를 내동댕이쳤다. 그렇지만 나는 거슬러 올라가려 애썼다. 다시 일어설 수 없을 만큼 상처를 받았어도 오기로 다시 일어섰다. 그것은 내 인생의 의미를 찾기 위한 몸부림이었다.

그렇다고 내가 항상 강하게만 살아온 것은 아니다. 한때는 죽고 싶다는 생각에서 벗어날 수 없었던 때도 있었다. 나는 세상에 왜 태어난 건지, 그 이유를 찾지 못해 수많은 밤을 뜬눈으로 보낸 때가 있었다. 온갖 우울한 생각에 시달리다가 새벽이 되면 머릿속엔 차라리 죽는 게 낫겠다는 생각 하나만이 가득 찼다.

힘들기만 한 것이 내 인생이라면 차라리 지금 편하게 떠나고 싶었다. 그것이 나를 둘러싼 불행에 대해 내가 할 수 있는 유일한 반항 같았다. 그러나 나는 어떻게든 살아갈 것을 선택했다. 그 후로 많은 일들이 있었다. 지금에 와서 돌이켜보니 사람의 인생에 의미가 없는 순간이란 없다는 것을 다시금 깨닫는다.

인생이란 자신이 생각한 대로만 살아지는 것은 아닐 것이다. 지금 내가 하고 있는 일들이 미래에 어떤 의미가 될지 누구도 정확히 알지 못한다. 다만 분명한 것은 언젠가는 스스로 그 의미를 깨닫는 날이 올 것이라는 사실이다. 지금의 나는 단지 내가 할 수 있는 일에 최선을 다하면 된다. 이 단순한 교훈을 깨닫기 위해 너무 많은 아픔을 겪었고, 너무 많은 시간을 소비했다. 그러니 당신은 지금의 자신을 조금 더 믿어도 좋다.

5장

마음을 다한 공부가 주는
진짜 보상

"나는 하고 싶은 일을 위해 공부한다.

그게 내가 내린 결론이었다.

 내가 가진 꿈이 공부를 해야 하는 일이기에

공부하는 것이다."

꿈을 이루기 위해 필요한 것들

고려대학교 법학과에서 1학기를 마친 뒤 나는 현실적인 문제에 부딪혔다. 다음 학기 등록금을 해결할 방법이 없었다. 저녁에 아르바이트하는 것만으로는 그달의 생활비만 벌 수 있을 뿐 등록금까지 모을 수는 없었다.

가족의 지원을 바랄 수도 없었다. 등록금을 빌려보려고 뛰어다녔지만 헛수고였다. 빈손으로 돌아오는 기차 안에서 창밖을 보며 드는 생각은 단 하나뿐이었다. '세상이 참 쉽지 않구나. 공부를 잘한다고 되는 게 아니구나.'

고등학교 때까지는 경제적인 상황이 내 꿈을 방해한다고 생각하지 않았다. 비록 우리 집이 가난했어도 교과서를 사지 못하거나 학교를 그만둬야 할 정도는 아니었으니까. 그러나 성인이 되니 달랐다. 등록금과 교재비 등 대학을 다닐 수 있는 최소한의 경제력조차 없는 나에게 꿈을 이루는 데 가장 방해가 되는 것은 바로 돈이었다.

반면 고려대 법학과에서 만난 친구들은 대부분 잘살았다. 그들은 부모님이 등록금을 대주고 학교 근처에 오피스텔도 얻어주었다. 거기에 매달 학원비와 용돈까지 받으니 그야말로 공부에만 집중할 수 있었다.

'나도 좋은 집안에서 태어났더라면!'

처음으로 집안에 대한 원망이 생겼다.

'남들보다 더 열심히 살았는데 왜 남들보다 삶이 더 힘든 거지?'

이런 생각이 하루에도 수십 번씩 울컥 올라왔다. 그러나 원망한다고 해서 이 상황을 해결할 수는 없었다.

어떻게 해야 상황을 바꿀 수 있을까? 복권을 사볼까 아니면 나를 양자로 삼고 싶다는 부잣집을 찾아볼까. 계획과 망상이 구별되지 않는 지경에 이르렀다. 나는 어떤 선택을 해야 할지 좀처럼 판단이 서지 않았다.

공부방을 만들다

며칠 뒤 윤민이가 나를 만나러 서울로 올라왔다. 윤민이는 시골 북삼중학교 시절의 단짝이다. 서로 다른 고등학교에 진학한 후 몇 년 만에 다시 만나는 것이었다. 우리는 좁은 고시원 방에 앉아 치킨을 뜯으며 이야기를 나눴다.

"그래서 고민이야. 여기 고려대는 등록금이 너무 비싸. 과외 아르바이트로는 솔직히 벅차."

내가 요새 하고 있는 고민을 얘기하자 윤민이가 물었다.

"철범이 너 한 달에 얼마 벌어?"

"과외 두 개로 60만 원. 근데 그걸로 고시원비 내고 밥 먹고 하면 월말에는 돈이 없어."

"진짜 한심하다. 너는 '간판'이 있잖아. 서울대 공대, 고려대 법대. 그런 간판을 만약 내가 가지고 있다면 한 달에 천만 원 이상은 무조건 벌 수 있어!"

"야! 구라도 정도껏 쳐야지. 그게 말이 돼? 어떻게 그렇게 벌어?"

"과외로 버는 거지!"

"과외는 한계가 있어. 일주일에 두 개만 해도 시간이 벅차고 공부와 병행하기도 힘들다고."

"돈 벌려면 당연히 학교는 휴학해야지. 뭐든 하나에만 집중해야 성공하는 법이야."

"그래! 네 말대로 휴학하고 과외만 한다고 쳐. 그런데 과외 자리 구하기는 또 쉬운 줄 알아? 여기 서울은 길에 채는 게 명문대생들이라 과외 자리 하나 구하기도 정말 어려워."

윤민이는 한숨을 쉬며 나를 불쌍하다는 듯 바라보았다.

"너 공부 잘한다고 해서 똑똑한 줄 알았더니 이거 완전 헛똑똑이네! 너 수요와 공급 법칙 안 배웠냐? 여기처럼 공급이 넘치는 곳에서 무슨 장사를 하냐? 당연히 서울대생이 없는 곳으로 우리가 가야지! 북삼만 하더라도 거긴 서울대생이 하나도 없어! 가끔 경북대생 한 명 뜨면 거기로 우르르 몰리는 판이야. 공급이 없는 시골 동네로 가야 돈을 버는 거야! 그런 데서 '서울대 출신의 과외! 전 과목에 30만 원!' 이런 전단을 딱! 붙이면? 내 생각에 수강생 100명? 그거 금방 모은다!"

말도 안 되는 소리. 착한 놈으로만 알았는데 이렇게 허세가 심한 줄은 처음 알았다.

"야! 내가 아무리 궁해도 그렇지. 한 과목당 시세가 30만 원인데 전 과목을 다 가르쳐주고 30만 원이라는 게 말이 되냐? 그렇게 받아서 돈을 어떻게 벌어?"

216

"당연히 그룹 가격이지. 아, 됐고, 우리 당장 시작하자. 너 돈 필요하지? 나도 돈 필요해. 이 형님이 돈 벌어다 줄게. 애들 모으는 거? 가르치는 거? 성적 올려주는 거? 다 내가 할 테니까 넌 간판만 빌려주고 우리 반반 나누자!"

생긴 것은 곱상한 놈이 성격은 불도저 같았다. 윤민이는 공부를 잘하는 편은 아니었으나 왠지 모를 '거상'의 냄새가 나는 놈이었다. 나는 윤민이의 도움을 받아보기로 했다.

✦

학교를 휴학하고 윤민이와 돈을 합쳐 수원 영통동으로 가 공부방으로 쓸 원룸을 빌렸다. 윤민이가 시장조사를 해보니 새로 개발된 지역이라 아파트는 많은데 아직 서울대 출신 선생님은 좀처럼 없는 곳이라고 했다. 우리가 여기로 간다면 시장을 독점할 거란다.

하지만 홍보가 문제였다. 나는 과외 전단을 만들어 아파트 관리사무소에 비용을 내고 광고 게시판에 붙여놓자고 했다. 그러자 윤민이가 반대했다.

"발로 뛰면서 고객의 눈앞에 직접 들이미는 것이 최고의 마케팅이야!"

윤민이는 홍보용 명함을 제작하고, 집마다 다니면서 그 명함을 현관문에 일일이 붙여야 한다고 주장했다. 듣고 보니 맞는 말 같았다.

나와 윤민이는 자정에 원룸에서 나와 아파트를 돌아다녔다. 그때는 아파트 공동현관에 대부분 비밀번호 장치가 없었다. 우리는 엘리베이터로 20층까지 올라갔다가 계단으로 내려오며 모든 현관문 앞에 명함을 붙였다. 쉬운 일이 아니었다. 아파트 두 동만 돌아도 다리가 후들거렸다. 무릎이 터질 듯 아플 때는 파스를 붙이고 돌아다녔다. 동이 틀 무렵 원룸으로 들어와 잠이 들었다. 그렇게 한 달간 그 지역 모든 아파트 현관에 명함을 붙였다.

또 다른 고민이 생기다

윤민이의 예상대로 효과가 있었다. 상담 전화가 끝없이 걸려왔다. 우리는 한 달 만에 20명의 학생을 모았다. 나는 수학을 가르쳤고, 윤민이는 영어를 가르쳤다. 그렇게 1년쯤 지나니 동네에서 잘 가르친다는 소문이 났다. 우리 공부방에 온 학생들은 모두 성적이 올랐기 때문이다. 비결은 간단했다. 윤민이는 시험에 나올 만한 중요한 부분을 학생들이 외우지 못하면 집에 보내주질 않았다. 저녁 늦게까지 붙잡아 놓고 교과서를 외우게 하고 문제를 풀게 했다. 부모님들은 '젊은 선생님들이 열정이 넘친다'며 너무나 좋아했다.

학생들도 우리 공부방에 오는 것을 좋아했다. 윤민이가 공부방에 먹을 것을 잔뜩 쌓아두고 마음껏 먹게 했기 때문이다. 시험 기간이 되면 윤민이는 학생들을 붙잡고 떡볶이, 피자, 치킨 같은 것을 사주며 공부를 시켰다.

"저 공부방은 선생님들이 치킨을 자주 사준대!"

소문이 퍼지자 새로운 학생들이 줄을 섰다. 성적을 올려준다는 소문에 학부모님들의 방문도 끊이지 않았다. 심지어 우리 공부방에 다니는 학생의 성적이 떨어져도 어머니께서 사과하며 간청하셨다.

"선생님들께서 이렇게나 열심히 가르쳐주셨는데 우리 아이가 바보라 정말 죄송합니다. 우리 아이를 제발 버리지 말아 주세요!"

원래 한 학기만 휴학하기로 계획했는데, 정신을 차려 보니 3년째 윤민이와 공부방을 운영하고 있었다. 덕분에 내 통장은 두둑해졌다. 사립대학교 등록금 4년 치를 낼 수 있는 돈이었다. 가난하게만 살아온 나는 처음 만져보는 큰돈이었다. 하지만 곧 또 다른 고민이 생겼다.

또다시 흔들리는 꿈

흉흉한 소문이 돌았다. 사법시험이 머지않아 폐지된단다. 그리고 법학전문대학원, 소위 로스쿨이라는 게 생기는데 거길 3년간 다녀야 변호사 시험을 칠 수 있고 합격해야만 변호사가 될 수 있단다. 곧 그렇게 법이 바뀔 거란다. 아, 이러면 내 계획에 차질이 생기는데. 나는 아직 군대도 안 갔는데.

원래 내 계획은 고려대 법학과에 복학하여 졸업 전까지 사법시험에 합격하고 사법연수원을 마친 뒤 공익법무관으로 군 복무를 하는 것이었다. 법무관은 '장교'니까 늦은 나이에 가더라도 문제가 되지 않는다. 내가 열심히 돈을 모았던 것도 그 계획을 위해서였다.

만약 사법시험이 폐지되면 변호사가 되기 위해 어떤 과정을 밟아야 할까? 나는 아직 학부 1학기밖에 다니지 못했다. 따라서 앞으로 4년 동안 법학과에서 공부해야 하고, 추가로 3년 동안 로스쿨에서 또 공부해야 하며, 법무관으로 3년을 복무해야만 비로소 변호사로서 사회에 첫발을 내디딜 수 있다. 자그마치 십 년이다. 이미 나는 이십 대 중반인데 그건 너무 길다. 로스쿨 학비는 또 어떻게 할 것인가?

어쩌지? 지금이라도 빨리 사법시험에 도전해야 하나? 그러다 실패하면 군대 문제는 어떻게 되지? 사법시험과 로스쿨 입학을 동시에 준비할 수 있나? 설령 십 년 뒤에 변호사가 된다고 하더라도 그때는 변호사가 엄청나게 쏟아지게 될 텐데 그때도 과연 메리트가 있는 직업일까? 치열한 법조 시장에서 내가 과연 살아남을 수 있을까?

함께 살고 있던 윤민이에게 걱정을 털어놨다. 윤민이가 내 말을 듣더니 잠시 고민하다 조심스럽게 말했다.

"솔직히 나는 네가 변호사를 고집하는 게 잘 이해되지 않는데?"

"……."

내가 말이 없자 윤민이가 또박또박 말을 이었다.

"기회비용을 생각해 보면 법대를 졸업하고 로스쿨까지 마치는 건 너무 손해지 않아? 잘 생각해 봐. 네가 십 년 뒤에나 사회인이 된다고 하면 그때까지 생활비에다 학비에다 최소한 1억 이상은 들어갈 거야. 그건 맞지?"

"그건 그렇지. 더 들어갈 수도 있고."

"그럼 생각해 봐. 그렇게 1억 이상 쏟아붓고 변호사가 된다고 쳐도 서초동 초임 변호사 월급이 300만 원이라더라. '변호사!'라고 하면 옛날에나 알아줬지, 지금은 개나 소나 변호사고 시장도 포화 상태라고. 게다가 앞으로 로스쿨이 생겨서 변호사가 더 많아지면 경쟁은 더 치열해질 거 아니냐? 내 말이 틀렸어?"

틀린 말이 하나도 없었다. 역시 윤민이는 계산이 빠른 놈이었다.

"그럼 계산해 보자. 넌 십 년 동안 1억 이상을 쓰면서까지 월 300만 원 받는 서초동 변호사가 그렇게나 되고 싶은 거야? 그보다 지금 우리 사업을 확장하는 게 훨씬 낫지 않아? 학생 한 명에 과외비 30만 원인데 이걸 100명까지 늘리는 거야. 그러면 월 3,000만 원! 너랑 나랑 반반 나누면 월 1,500만 원도 벌 수 있어. 십 년 뒤가 아닌 지금 당장 말이야."

우와. 이놈은 역시 보통 놈이 아니었다. 머리 회전속도가 남달랐고 사업가의 기질이 있었다. 윤민이는 나와 미래를 바라보는 관점 자체가 달랐다. 수익과 기회비용을 계산해서 최적의 투자

요건을 순식간에 산출해냈다. 공부방 학생을 100명까지 늘리겠다는 것도 허세가 아니라 충분히 실현 가능한 미래였다. 그동안 윤민이의 성격과 지금까지 만들어낸 결과물을 옆에서 지켜봐 왔기에 확신할 수 있었다.

"그런데 그러면 우리는 평생 공부방 선생님으로 사는 거야?"

내가 윤민이를 쳐다보며 물었다. 그러자 윤민이가 혀를 끌끌 차며 말했다.

"당연히 아니지. 우리 밑에 선생님을 추가로 고용해 판을 키워야지. 그래서 일단 '학원'으로 업그레이드하는 거야. 그 학원을 또 키워서 나중에는 '입시 전문기관'으로 성장시키고, '재수생 기숙학원' 이런 것도 할 수 있겠지. 그렇게 우리가 이 지역을 완전히 독점하는 거야!"

다른 사람은 몰라도 나는 알고 있었다. 이 녀석은 큰 그릇이다. 만약 내가 윤민이와 미래를 함께한다면 나 역시 같이 성공할 것이다. 윤민이는 추진력이 강할 뿐 아니라 성품도 착한 친구였다. 덕분에 3년간 동업을 하면서 단 한 번의 껄끄러운 일도 없었다. 돈 문제는 항상 깨끗했고, 오히려 자신의 몫을 나에게 더 나눠주려고 했다. 그러면서 궂은일, 힘든 일은 자신이 다 하려고 했다. 친구로서뿐만 아니라 동업자로서도 최고의 파트너였다. 그런 윤민이와 함께 사업을 한다면 장차 나는 큰돈을 벌 수 있을 것 같았다.

아이러니한 일이다. 돈이 없을 때는 그것 때문에 꿈이 흔들리 더니 이제 돈 몇 푼이 생기니까 그것 때문에 또다시 꿈이 흔들렸 다. 나는 고민에 잠겼다.

나는 왜 공부를 하려고 했던 거지?

나는 스스로에게 물었다. 왜 그토록 열심히 공부했던 걸까? 공 부를 통해서 무엇을 얻으려고 하는 걸까? 돈 잘 버는 직업? 아니 면 사회적으로 인정받는 위치? 안정적인 삶? 그런 것을 얻기 위해 서 꼭 '공부'라는 길을 가야만 하는 건가?

침을 튀겨 가며 '돈 버는 방법'을 이야기하는 윤민이의 눈빛을 보고 문득 깨달았다. 내가 왜 공부를 하려고 했는지를.

나는 하고 싶은 일을 위해 공부한다. 그게 내가 내린 결론이었 다. 내가 가진 꿈이 공부를 해야 하는 일이기에 공부하는 것이다. 만일 꿈을 이루게 된다면 그 일은 나에게 무척 잘 맞을 것이다. 본 능적으로 느낄 수 있었다. 분명 나는 그 일을 즐기게 될 것이고 남 들보다 성과도 좋을 것이다. 왜 그렇게 생각하느냐고 물으면 할 말이 없다. 그것은 어떤 논리적인 추론의 결과가 아닌, 나 자신이 누구인지에 대한 순간적인 깨달음이었다.

윤민이는 분명 자신의 꿈을 이루고 성공할 놈이었다. 그가 이야기하는 사업 계획은 분명히 이뤄지겠지. 그러나 종이에 적힌 '예상 가능한 수익금'을 보면서 내 마음속에 드는 생각은 단 하나였다. 우리 둘은 서로가 원하는 성공의 모습이 달랐다. 그리고 나는 내가 원하는 일을 하면서 살고 싶었다. 그런 삶에 공부가 필요하다면 기꺼이 공부를 계속할 것이다.

✦

나는 조용히 윤민이에게 말했다.

"아무래도 나는 돌아가야겠어."

윤민이는 대답하지 않았다. 내가 말을 이었다.

"내가 봤을 때 너는 진짜 성공할 놈이야. 내가 없어도 분명히 너는 잘될 거야. 그리고 나는 그냥 내가 좋아하는 일을 하면서 살고 싶어."

윤민이는 한동안 말이 없다가 피식 웃으면서 얘기했다.

"그래. 너는 어릴 때부터 그런 놈이었지. 내가 잠시 잊고 있었다. 넌 항상 네가 원하는 것을 다 이뤄내는 놈이었어. 너도 반드시 잘될 거다."

7년째 고3

나는 군대 문제부터 해결하기로 마음먹고 윤민이와 함께했던 공부방에서 나왔다. 기존 학생들은 윤민이가 계속 가르치기로 했고, 나는 논산 육군훈련소에 입소했다.

2년 뒤 국방의 의무를 마치고 복학했을 때 법학과의 분위기는 예전과는 많이 달라져 있었다. 그사이에 도입된 법학전문대학원, 즉 로스쿨 때문이었다. 사법시험은 폐지되었고 법조인이 되려면 반드시 법학전문대학원에 진학해야 했다.

예전에는 학생들이 학점에 대해서 별로 신경 쓰지 않았다. 학점이 낮아도 사법시험에 합격하면 그만이었기 때문이다. 그러나 이제는 달랐다. 로스쿨에 진학하고 싶다면 학부 때 반드시 고학점을 따내야 했다.

그런데 이 학점이라는 것도 결국은 '내신'이다. 고등학교 내신 관리 방법과 크게 다르지 않았다. 중요한 것은 딱 세 가지다. 평소 교수님의 수업에 충실하고, 철저하게 예습·복습하면서, 시험 때 답안지를 술술 쓸 정도로 확실하게 암기하는 것. 단지 고등 내신 준비와 다른 점이 있다면 이 세 가지의 중요성이 더욱 커졌다는 점이다.

✦

교수는 그 학문에 있어서 최고의 권위자다. 따라서 자기 연구에 관한 프라이드가 매우 강하다. 답안지도 교수님의 견해와 엇갈리면 좋은 점수를 받기 힘들다. 철저히 교수님의 학문 관점에 부합해야 좋은 학점을 받을 수 있다. 그런 관점은 어떻게 알 수 있을까? 그것은 교수님의 강의에서 드러난다. 따라서 좋은 학점을 받고자 한다면 표현의 미묘한 뉘앙스까지 잡아낼 수 있을 정도로 수업을 철저하게 집중하며 들어야 한다.

고등학교 내신도 학습량이 많지만 대학의 전공 공부는 차원이

다르다. 그야말로 '전공' 공부인 만큼 어렵고 양도 많다. 평소에 공부를 해두지 않으면 시험 기간에 전체 범위를 한 번 훑어보는 것조차 버겁다. 따라서 그날 수업에 대한 복습과 다음 수업에 대한 예습으로 하루를 꽉 채워야 한다. 문제는 고등학교와는 달리 대학교는 시간을 굉장히 자유롭게 쓸 수 있어서 피 끓는 20대가 화창한 오후에 도서관에 앉아 공부만 한다는 것이 쉬운 일이 아니라는 점이다.

그런데 불행인지 다행인지 나는 그런 삶을 살기가 쉬웠다. 슬프게도 '나이' 때문이었다. 복학하여 학교에 돌아오니 예전에 내가 알던 동기와 선후배들은 모두 졸업해서 보이지 않았고, 법학과에 다니고 있는 아이들은 나와 나이가 심하게 차이 났다. 자연히 나는 홀로 학교에 다니게 됐다.

나는 아침부터 밤까지 열람실에서 공부만 했고, 가끔 수업이 있을 때만 강의실에 다녀왔다. 돈을 미리 모아두었기에 저녁에 일할 필요도 없었다. 아침에 열람실에 일찍 도착해서 커피 한잔을 마시고 2,000페이지가 넘는 민법 교과서를 넘기며 밤 11시까지 공부했다. 하루도 빼놓지 않고 그날 법학과 수업에 대한 복습과 토익시험 공부, 로스쿨 입학시험인 LEET 공부를 했다.

4년 동안 그렇게 다람쥐 쳇바퀴 돌듯 단조롭고 성실하게 살았던 덕분에 로스쿨로 올라갈 수 있을 만큼 좋은 학점을 받을 수 있었다. 또 졸업할 때까지 매 학기 전액 장학생으로도 선발될 수 있었다. 덕분에 윤민이와 함께 일하며 모은 돈이 많이 굳었다. 로스쿨 학비는 그걸로도 충분했다.

끝없는 공부의 굴레

로스쿨 생활도 크게 다르지는 않았다. 마치 고3 생활의 연속 같았다. 오전 9시부터 오후 6시까지 수업. 밤 11시까지는 복습. 그리고 중간고사와 기말고사. 그 생활을 3년간 반복했다.

동기들과 하루 종일 함께 수업을 듣고 열람실에서 공부했지만 3년 내내 친해지기가 쉽지 않았다. 그저 같은 공간에서 수업을 듣거나 각자 공부를 할 뿐, 서로 이야기할 시간조차 좀처럼 나지 않았기 때문이다. 나는 그 풍경이 고3 때와 다를 게 없다는 생각이 자주 들었다. 그저 나이만 더 많은 고3 학생들이 앉아 있는 곳.

공부량은 살인적이었다. 민법 교과서 한 권만도 2,000페이지가 넘는데 거기에 객관식 문제집, 사례형 문제집, 기록형 문제집, 판례 모음집, 기출문제까지 풀어야 한다. 그런 식으로 수많은 법 과목을 공부해야 했다. 거기다 그 내용은 여러 번 읽어도 이해되지 않는다. 맛보기로 살짝 보여주면 다음과 같다. 민법 교과서의 일부다.

어느 부진정연대채무자를 위하여 보증인이 된 자가 채무를 이행한 경우에는 다른 부진정연대채무자에 대하여도 직접 구상권을 취득하게 되고, 그와 같은 구상권을 확보하기 위하여 채권자를 대위하여 채권자의 다른 부진정연대채무자에 대한 채권 및 그 담보에 관한 권리를 구상권의 범위 내에서 행사할 수 있다.

이런 내용을 밤까지 앉아서 읽고, 이해하고, 암기해야 하니 거기에 무슨 로맨스가 있고 토론이 있겠는가? 책의 내용이 무슨 말인지도 모르겠는데.

어떤 늦은 밤. 열람실에서 공부하고 있었는데 저 멀리서 쿵쿵거리는 소리가 계속 들렸다. '어디서 공사하나? 곧 그치겠지?' 애써 참고 공부를 하는데 그 소리는 30분 넘게 계속 들려왔다.

나는 궁금증을 참지 못하고 슬며시 열람실 밖으로 나가보았다. 소리가 나는 곳으로 가보니 불이 꺼진 어두운 계단에서 어떤 여학생이 흐느껴 울며, 벽에다가 자기 머리를 쿵쿵 계속 찧고 있었다. 그 장면을 본 로스쿨 동기들은 다들 나와 같은 생각을 했을 것이다.

'나도 옆에서 저렇게 머리를 찧고 싶다.'

물동이를 이고 가는 마음으로

'누가 날 때려가면서 공부 좀 시켜줬으면 좋겠다.'

나 역시 이런 생각이 들 때가 많았다. 성인이 되어서 하는 공부는 누가 강제로 시키는 게 아니다. 그러니 우리는 매 순간 스스로 의지를 발휘해야만 하는데, 바로 이 점 때문에 공부가 힘든 것이다. 나태해져도 누구 하나 나를 혼내지 않으니 자칫 자기 관리에 실패하면 끝도 없이 게을러지기 쉽다. 그래서 나는 로스쿨에 입학하면서부터 몇 가지 원칙을 세웠다.

먼저 아침 수업을 듣는 것이다. 대학교에는 '절대로 오전 9시

수업은 잠지 마라'는 격언이 있다. 일찍 시작되는 수업 때문에 한 학기가 얼마나 고통스러워지는지, 대학생이 되면 바로 알 수 있다. 하지만 나는 일부러 아침 수업을 신청했다. 아침 수업이 있어야만 억지로라도 일어나기 때문이다.

이 책을 읽는 독자들은 나를 무슨 의지의 화신으로 생각할지도 모르겠지만 사실 나는 오전에 수업이 없으면 침대에서 일어나지도 못하는 게으른 사람이다. 내가 믿는 것은 '의지'가 아니라 '시스템'이다. 나는 자기 관리가 될 수밖에 없는 시스템 속에 나 자신을 던져야만 했다.

인간관계도 마찬가지다. 로스쿨처럼 좁은 교실에 소수의 인원이 모이면 인간관계에서 오는 스트레스도 크다. 오가며 부딪칠 수밖에 없는 사람들끼리의 크고 작은 다툼들, 뒷말, 시기 질투 등. 나는 이로 인한 감정 소모를 겪고 싶지 않았다. 그래서 애초부터 사람들과 조금은 거리를 두기로 했다.

이것은 내가 내성적이라거나 사람들과 친해지는 걸 싫어해서가 아니다. 내가 감정적이고 멘털이 약한 스타일이기에 나 자신을 보호하기 위함이었다. 수험생은 머리에 물동이를 이고 가는 사람이다. 시비가 붙어 물동이가 떨어지면 결국 나만 손해다. 공부하는 사람은 다른 사람들과 부딪쳐서 좋은 일이 하나도 없다.

물론 이렇게 살면 외롭기는 하다. 그러나 나는 이곳에 친구를

사귀기 위해서가 아니라 변호사가 되기 위해서, 내가 원하는 공부를 제대로 해보기 위해서 온 것이다. 의지가 약하고 감정적인 나로서는 마음 상태를 온종일 잔잔한 호수처럼 평온하게 만들어야 했다. 그러려면 어느 정도의 외로움을 감수할 수밖에 없었다.

이 또한 지나가리라

성인이 되고 나서 공부할 때 가장 힘든 점은 외로움일 것이다. 사람들이 옆에 있기는 하지만 깊은 마음을 터놓을 수 있는 관계는 아니다.

이 외로움은 피할 수도 없고 쉽게 해결되지도 않는다. 애인을 만든다고 해결되는 문제도 아니다. 공부라는 행위 자체가 사람들에게서 떨어져 고독 속에서 몇 년 동안이나 매일 열 시간 이상씩 스스로 싸워야 하는 과정이기 때문이다. 그 고독감이 주말에 데이트를 했다고 갑자기 사라지는 건 아니다.

외로움이란 합격의 기쁨을 얻기 위해서 우리가 기꺼이 치르겠다고 약속했던 여러 가지 대가 중에 하나다. 거기에는 어떠한 할인 이벤트도 존재하지 않는다. 우리는 그저 견딜 뿐이다.

그러나 좋은 소식은 있다. 그것은 바로 '외로움이 오래가지는 않는다'는 사실이다. 합격하면 다 끝난다는 말을 하려는 게 아니다. 그보다도 훨씬 일찍 사라진다. 내 경험상 외로움은 수험생활 초기에만 우리를 힘들게 할 뿐 중반만 넘어가도 확실히 약해지며 후반이 되면 아예 문제가 되지 않는다.

수험생활 중반이 되면 공부가 손에 익기 마련이다. 기본서도 한 번씩 다 훑어봤고 어떤 개념이 어떤 방식으로 시험에 나오는지에 대해서도 감이 잡힌다. 물론 외워야 할 것이 아직 산더미 같고 모의고사 점수는 형편없지만, 최소한 앞으로 내가 무엇을 공부해야 하는지는 알게 되는 시기다. 이쯤 되면 외롭다기보다는 초조해진다. '남은 기간 동안 내가 저 많은 공부량을 과연 다 해낼 수 있을까?' 이런 생각이 더 많이 들기에 외로움은 서서히 뒤로 밀려난다.

그러다 수험생활 후반이 되면 전혀 외롭지 않다. 그야말로 발등에 불이 떨어졌기 때문이다. 지금 새로운 사람을 사귀는 게 문제가 아니라 내가 죽게 생겼으니까.

이렇듯 외로움이란 수험생활이 진행되어 감에 따라 자연히 사라지고 해결되는 것 같다. 그러니 정말로 외로워서 죽을 것 같더라도, '이 또한 지나가리라'라는 마음으로 담담하게 견뎌보자.

될 일이라면 되겠지

공부도 힘들었지만 사실 미래에 대한 불안감 때문에 더 힘들었다. 내가 변호사 시험에 합격할 수 있을까? 합격한다고 하더라도 장차 변호사가 많아질 텐데 과연 먹고 살 수는 있을까? 미래에 대한 불안감은 공부만큼 힘든, 아니 공부보다 더 힘든 문제였고, 누구도 답을 해주지 않는 문제였다.

지금껏 나는 인생을 살면서 여러 가지 목표를 세웠다. 그런데 그중에서 어느 것 하나도 내 계획대로 된 게 없다. 어떤 건 이루지 못했고, 이뤄진 것도 예상보다 빨리 되었거나 늦게 되었을 뿐 정말 내 계획에 딱 맞춰진 것은 하나도 없다.

우리는 꿈을 꾸고 목표를 세우면서 '이건 이뤄질까? 그렇다면 언제쯤 이뤄질까?' 궁금해한다. 그런데 그 질문에 대하여 삶이 나에게 알려준 것은 '그건 아무도 모른다!'라는 것이다. 세상에는 '운' 또는 '인연'이라고 불리는 수많은 변수가 존재하며, 현재라는 시간 속에 갇혀 있는 우리는 미래를 볼 수 없기 때문이다.

✦

그렇지만 한 가지는 확실하다. 만약 어떤 사람이 목표를 분명히 정하고 그에 맞는 자질을 갖추기 위해 끊임없이 공부한다면 언젠가는 그에게도 기회의 여신이 찾아간다는 사실이다.

치열하게 준비하다 보면 결국에는 이뤄진다. 나 역시 그랬다. 그러니 이따금 미래가 불안해지더라도 도리스 데이의 노래 〈케세라 세라〉의 한 소절처럼 '될 일이라면 결국 되겠지(what will be will be)' 하고 흥얼거리며 넘어가면 그뿐이다.

법학 공부를 시작할 때 내 마음속에는 두려움이 가득했다. 그러나 7년 동안의 성실한 삶은 그 두려움을 불안함 정도로 작아지게 만들어주었다. 그리고 계속된 노력은 그 불안함마저 의연함으로 뒤바꿔 주었다.

마음을 다하면 이루어진다

언젠가 고려대학교에서 곧 퇴임을 앞둔 이용훈 대법원장님을 초빙해 강연을 연 적이 있었다. 강연이 끝난 후 로스쿨의 어떤 학생이 대법원장님에게 질문했다.

"제 생각에는 로스쿨의 도입 후 일반인들이 더는 변호사를 존경하지 않는 것 같습니다. 그저 일개 회사원으로만 인식하는 것 같은데 문제가 있다고 생각하지는 않으시나요?"

그러자 몇몇 학생들이 공감한다는 듯 고개를 끄덕였다. 이용훈 대법원장님은 껄껄 웃으며 이렇게 대답했다.

"국민이 변호사를 그렇게 생각한다면 그건 로스쿨이 도입된 취지에 맞는 것 같은데요?"

일부 학생은 고개를 갸웃거렸고, 일부 학생은 피식 웃으며 고개를 끄덕였다. 나는 후자였다.

예전의 사법시험은 곧 조선 시대 과거시험이었다. 법조인은 일반인과 신분이 다르다는 인식이 깔린 시험이었다. 사법시험 수석은 장원급제였고 수석자의 고향에는 플래카드가 내걸렸다. 사법시험의 석차대로 판검사가 임용되었고, 합격생을 많이 배출하는 순서대로 대학교의 서열이 매겨졌다. 그것은 석차 중심 사회의 상징이었다.

그 패러다임을 바꾸자는 시도로 도입된 것이 로스쿨이다. 변호사 시험도 그저 일종의 자격증 시험일 뿐인데 왜 그들에게 석차를 매기는가? 운전할 실력이 되고 일정 점수를 넘으면 운전면허가 발급되는 것이지, 수석을 발표할 필요가 있는가? 합격생을 가장 많이 배출하는 순서대로 학원의 등급을 매길 필요가 있는가?

이러한 생각이 로스쿨의 탄생 배경이다. 법조인이 더는 특권층이 아닌 사회, 더는 학생들에게 석차를 매기고 그 서열대로 인생을 줄 세우지 않는 사회를 만들어보자는 시도다.

이용훈 대법원장님이 말을 이었다.

"이해는 합니다. 여러분으로서는 걱정이 되겠지요. 그런데 여러분이 왜 걱정합니까? 주위를 보면 공인중개사도 먹고살고, 회계사도 세무사도 다 잘 먹고사는데 문과 최고의 자격증인 변호사 자격증을 들고서 왜 먹고살 걱정을 합니까? 걱정하지 마시고 공부에만 마음을 다하세요. 저도 여러분과 같은 입장입니다. 저 역시도 이제 퇴임을 하면 변호사가 되는 겁니다. 미래의 변호사들끼리 같이 힘냅시다."

그래! 될 일은 되겠지. 모든 게 다 앞으로의 일일 뿐이다. 변호사가 아무리 많아져도 내가 거기서 또 열심히 하면 뭐든 잘 풀리겠지. 그런 마음으로 나는 로스쿨에서의 3년을 보냈다.

공부가 쉬워지는 '앎의 4단계'

나는 앎에는 항상 네 단계가 있다고 생각한다. 그것은 공부뿐 아니라 악기나 운동 등 우리가 어떤 것을 배우든지 항상 적용되는 법칙이다.

✦

첫 단계는 '모르는 즐거움'이다. 예컨대 아직 운동을 시작하지 않은 사람이 몸매가 좋은 사람을 보며 감탄하거나, 피아노를 다룰

줄 모르는 사람이 능숙하게 연주하는 이의 선율을 들으며 '멋지다. 나도 한번 배워보고 싶다'라고 동경하는 단계다.

이때는 모르기에 오히려 즐겁다. 헬스장에 간 첫날 땀을 좀 흘리고 나면 마치 자기 관리를 철저히 하는 사람이 된 것 같아 기분이 좋고, 기타를 처음 손에 쥐고 신이 나서 이리저리 뚱땅거리면 머지않아 멋진 연주를 하는 자신의 모습이 그려져 즐겁다. 공부를 처음 시작하는 경우라면 합격 수기를 읽거나 새로운 문제집들을 사다 놓고 시험에 합격한 자기 모습을 꿈꾸며 즐거워한다.

나 역시 그랬다. 법학에 처음 뜻을 둔 스무 살 때는 법조계에 관련된 이야기라면 뭐든 좋아했다. 판사, 검사, 변호사에 관한 얘기라면 어떤 것이라도 관심이 있었고 재미가 느껴졌다. 영화나 소설도 법조계에 관련된 것이라면 모두 흥미롭게 섭렵했다. 몰랐기에 즐거웠고, 몰랐기에 꿈을 꿀 수 있었다.

✦

그러다가 우리는 서서히 두 번째 단계에 집어드는데 그것은 '모르는 고통' 단계다. 운동한다는 것이, 악기를 배운다는 것이, 공부한다는 것이 실제로는 전혀 즐겁지 않다는 것을 깨닫는다. 재밌을 줄 알았는데 막상 배워보니 너무나 힘들고 어렵다. 러닝머신

위에서 아무 생각 없이 뛰는 것이, 도레미파를 계속 반복해서 연주하는 것이, 책상에 꼿꼿이 앉아 이해되지 않는 교과서의 페이지를 넘기는 것이 생각보다 고통스럽다는 사실을 깨닫는다.

대부분 사람이 이 단계에서 포기한다. 헬스장에 안 나가게 되고, 기타를 던져두게 되며, 책의 앞부분만 밑줄을 치다가 결국 책장에 꽂아두고 두 번 다시 꺼내지 않게 된다.

자책할 필요는 없다. 이것은 잘못된 행동이 아니며, 사람이라면 누구나 그러니까. 인간이라는 동물은 고통을 피하려는 습성이 있다. 고통이라는 손실과 즐거움이라는 이익을 계산한 뒤에 수지가 맞지 않으면 그만두는 것은 인간 본능에 따른 당연한 결정이다.

그런데도 그 고통의 과정을 지속하는 사람이라면, 그럴 힘이 있는 사람이라면, 그것은 고통에 수반되는 이익benefit에 대한 분명한 확신이 있다는 뜻이리라. 따라서 공부를 하는 사람이면 그 공부를 통해서 자신이 어떤 이익을 얻을 수 있는지에 대해 깊이 생각해야 한다. 그래야만 고통을 이겨낼 수 있다.

모든 사람이 공부를 잘할 필요는 없다. 공부가 길이 아닌 사람도 있다. 공부가 너무나 고통스러워 극복하기 어려운 정도라면, 애초부터 공부가 길이 아닐 수도 있다. 사람들의 시선 때문에, 친구들도 다 하니까, 부모님이 권해서, 이것 말고는 다른 길이 딱히 없어서 어쩔 수 없이 공부한다는 사람들도 있다. 그렇지만 그런 마음으로 뛰어든 사람들이 좋은 결과를 얻는 것을 나는 좀처럼 보지 못했다. 공부하는 이유가 분명하지 않다면 공부하는 과정에서 찾아오는 고통을 끝까지 견디기 쉽지 않다.

나는 뒤늦게 로스쿨에 들어와 법학 공부를 하면서 고통스럽지만 고통스럽지 않았다. 법학 공부의 난이도와 학습 분량이 살인적이어서 그 과정은 분명히 고통스러웠지만, 이 길의 끝에서 무엇을 얻게 될지 알고 있었고 또 그것을 너무도 간절히 원했기에 그 모든 과정이 그렇게 고통스럽지만은 않았다는 의미다. 이처럼 자신만의 공부 이유가 분명한 사람은 앎의 두 번째 단계도 무사히 통과할 수 있다.

✦

공부를 하다 보면 세 번째 단계에 접어들게 되는데, 그것은 '알아가는 고통' 단계다. 뭔가를 배워나갈수록 우리는 자신의 부족함을 깨닫는다. 내가 모르는 게 너무나 많음을 알게 되는 것이다. 이것은 두 번째 단계인 '모르는 고통'과는 다르다. 그건 단지 책에 있는 말이 너무 어렵다는 고통, 강의를 들어도 쉽게 이해가 되지 않는다는 고통이다.

반면 '알아가는 고통'은 열심히 공부했음에도 내 실력이 형편

없다는 사실을 깨달았을 때의 좌절감을 의미한다. 예컨대 아무리 교과서를 읽고 문제집을 풀어도 실력이 쌓였다는 생각이 들지 않을 때의 고통이고, 열심히 공부해서 며칠 만에 한 단원을 겨우 마쳤는데 뒤를 살펴보니 아직도 공부할 게 산더미처럼 쌓여 있다는 것을 발견할 때의 고통이다. 즉, 이것은 '성장하는 고통'이다.

이 단계를 지나며 내가 깨달은 사실은 어떤 방법을 쓰더라도 이 단계를 피할 수도, 건너뛸 수도 없다는 점이다. 그저 묵묵히 걸어가는 수밖에 없으며 그게 가장 좋은 방법이다.

세 번째 단계까지 통과한 사람에게 공부는 큰 보상을 준다. 결국 앎의 마지막 단계인 '아는 행복'의 단계가 찾아오는 것이다. 피아노로 치면 악보를 안 보고도 능숙하게 연주하는 단계다. 이때는 고통 따위란 전혀 없다. 오히려 피아노를 치는 순간이 행복하고, 그 자체가 즐거움이며 휴식이다. 몸에 익었기 때문에 억지로 머리를 쓰지 않아도 손이 자동으로 움직인다. 소위 경지에 이른 상태다.

✦

공부도 마찬가지다. 고통의 시간들이 지나면 결국엔 행복한 단계에 이른다. 어려운 교과서를 읽어도 물 흐르듯이 페이지가 휙 휙 넘어가고, 문제를 보면 출제자의 의도가 즉시 파악되면서 쉽게 맞힐 수 있다. 이렇게 되는 비결은 뭘까? 그건 단순하다. 그저 앞의 세 단계를 묵묵히 참고 지나는 것이다. 내가 하는 공부의 의미에 대해서 다시 한번 생각해 보고, 외롭거나 힘들더라도 일상의 소소한 즐거움에 집중하면서, 매일 지식의 우주에 나를 담가 담금질하는 그런 시간을 그저 견디어내는 것이다.

나 역시 그런 하루를 살다 보니 로스쿨에서의 3년이 금세 지나갔다. 그리고 변호사 시험이 아직 반년 넘게 남았을 때 나는 이미 내가 네 번째 단계에 와 있다는 사실을 발견했다.

합격과 불합격을 가르는 기준

어떤 시험이든 합격 여부는 그 전날이 결정한다. 시험 직전에 출제 범위를 모두 정리할 수 있으면 합격하고, 그렇지 못하면 합격하기 힘들다.

성인들이 치르는 시험 대부분은 범위가 수천에서 수만 페이지에 이르는 경우가 많다. 따라서 시험 직전에 정리를 한다는 게 교재의 모든 부분을 꼼꼼히 읽는 게 아님은 당연하다. 한 페이지에 대략 십 초만 눈길을 주면서 그야말로 '휘릭휘릭' 넘거가며 훑어야 한다.

'그래, 맞아! 이 페이지는 이런 내용이었지. 여기서는 이게 중요했고, 저기서는……'

이런 식으로 페이지를 빠르게 넘기면서 중요한 주제에 눈도장만 찍는 식으로 점검하는 것이다. 그러면 시험 직전에 전체 범위를 정리할 수 있다.

이 공부법이 가능하려면 평소에 같은 책을 여러 번 반복해서 공부해 두어야 한다. 누구라도 세 번씩, 다섯 번씩 교재를 반복해서 공부하면 시험 직전에 모든 내용을 빠르게 훑어볼 수 있다.

나의 방법을 공유하면 처음 읽을 때는 중요하다 싶은 내용에 '까만색'으로 줄을 쳤다. 두 번째 읽을 때는 그중에서도 특히 자주 출제되는 지문이라든가 이번 시험에 나올 것 같은 부분에 '빨간색'으로 체크했고, 세 번째로 읽을 때는 실수하기 쉽거나 반드시 암기해야 할 곳을 '형광펜'으로 표시했다. 여백에는 머리글자나 암기도표 등도 정리해 두었다.

평소에 이렇게 해두면 시험 직전에는 빨간색과 형광색만 훑어보면 된다. 좀 더 자세히 봐야겠다는 부분이 있으면 까만색 줄을 친 부분까지 읽으면 된다. 그러면 공부했던 내용이 떠오르면서 머릿속에서 유기적으로 연결된다.

한편 시험 전날에 '요약서'로 최종 정리를 하는 유형도 있다. 요약서는 소위 핸드북이라고도 부르는데, 예컨대 '한 권으로 정리하는 민법 최종 정리'와 같은 식의 교재들이다. 교과서보다 훨씬 얇고, 아주 중요한 내용만 간추려서 정리된 책이다.

이런 요약서로 최종 정리를 하는 것이 틀린 방식은 아니다. 그러나 주의할 점이 있다. 아무리 요약서라 하더라도 그 역시 또 하나의 교재다. 따라서 그 책을 미리 두세 번 반복해 익혀두지 않으면 시험 직전에는 잘 눈에 들어오지 않는다. 오히려 요약서의 특성상 문장이 너무나 축약되어 있어서 공부를 제대로 해두지 않으면 오히려 그 문장의 뜻조차 이해를 못할 수도 있다.

평소에 공부를 제대로 안 한 사람일수록 시험 직전에 급하게 요약서를 사들인다. 시험이 코앞인데 교과서는 아직도 한두 번밖에 읽지 못했고, 교과서에 밑줄도 별표도 제대로 표시해 두지 않았기 때문이다. 그래서 불안한 마음에 얇은 요약서라도 사서 어떻게든 해보려는 것이다. 그러나 이런 사람이 시험에서 좋은 결과를 받기는 어렵다.

✦

정리는 반드시 '평소에' 연습해 두어야 한다. 실제로 최종 정리를 해보아야 객관적인 내 능력(예컨대 한 시간당 넘길 수 있는 페이지의 수)과 내가 세웠던 계획의 비현실적인 부분이 나타나기 때문이다.

나는 모의고사를 칠 때마다 마치 실전처럼 최종 정리를 했다. 예를 들어 'V체크 표시한 부분만 읽었을 경우 한 시간에 150페이지를 넘길 수 있었다'라는 객관적인 능력을 확인하면 '헌법 2,000페이지와 행정법 1,600페이지를 모두 정리하기 위해서는 24시간이 필요하므로, 하루에 12시간씩 총 이틀 동안 헌법과 행정법 정리를 완료한다'라고 일단 계획을 세운다.

그런데 막상 모의고사에서 연습해 보니 체력과 집중력이 부족하여 하루 12시간 동안 정리하는 게 너무 힘에 부쳤다면 어떻게 해야 할까? 이 경우 '하루에 8시간씩 총 3일 동안 두 과목을 정리한다'로 계획을 수정한다. 이렇게 수정된 계획은 내가 실제로 테스트해 보고 실현 가능하다고 판단했기에 실제 시험 전날에 그대로 적용해도 된다.

✦

변호사 시험을 앞두고 나는 '월요일에 치르는 헌법과 행정법은 바로 전날인 일요일과 토요일에 정리하고, 화요일에 치르는 형법과 형사소송법은 그 전 주의 목요일과 금요일에 정리한다'고 계획했다. 이 계획은 대충 세운 게 아니라 그동안 몇 번의 모의고사를 치르면서 연습해 둔 패턴이었다.

시험 직전에 내가 봐야 할 책의 양과 한 시간마다 넘겨야 할 페이지의 수, 그리고 보아야 할 부분까지 나는 모두 계획을 해두었고 연습도 마쳤다. 그리고 변호사 시험 전날 시험장 앞에 숙소를 잡고 계획한 대로 최종 정리를 했다.

책을 가방에 넣고 잘 준비를 하면서 나는 마음이 불안하지도 않았고 오히려 즐거움마저 느껴졌다. 내일이 시험이라는 생각에 긴장은 됐지만 그것은 마치 첫 데이트를 할 때처럼 설레고, 게임의 마지막 판을 시작할 때처럼 짜릿한 긴장감이었다. 평소보다 일찍 잠자리에 들었던 나는 이내 꿈도 꾸지 않고 깊은 잠에 빠졌다.

귀하는 변호사 시험에 합격하셨습니다

변호사 시험은 매년 1월, 로스쿨이 설치된 전국 25개 대학에서 동시에 치러진다. 일주일에 걸쳐서 민법, 민사소송법, 상법, 형법, 형사소송법, 헌법, 행정법 시험을 보는데 이 과목들을 다시 선택형, 사례형, 기록형으로 나눠서 치른다. 여기에다 선택법이라고 하여 국제법, 국제거래법, 노동법, 조세법, 지적재산권법, 경제법, 환경법의 일곱 개 선택 과목 중 하나를 추가로 봐야 한다.

이 시험에 합격하지 못한 사람은 로스쿨을 졸업했더라도 그저 석사학위자일 뿐, 변호사는 될 수 없다. 실제로 로스쿨 졸업생 절반가량이 시험을 통과하지 못한다.

시험이 치러지는 날에 눈이 많이 내렸다. 시험장으로 가는 길에는 눈이 소복하게 쌓여 밟을 때마다 뽀도독 소리가 났다. 아침에 시험장으로 가는 수험생 대부분은 걸으면서 책을 보고 있었다. 그렇지만 나는 눈 덮인 대학교의 풍경이 너무도 아름다워 책을 볼 수 없었다.

내 인생에서 지금 이 순간이 너무나 낭만적이고 아름다운 장면이라는 걸 나는 알고 있었다. 반에서 꼴찌를 하고 수학 선생님에게 제일 많이 맞았던 열등생이, 이제 로스쿨도 무사히 마치고 변호사 시험까지 치를 기회를 받았다.

만화책을 들고 있던 아이의 손에 이제는 법전이 들려 있고, 전국에 모인 내로라하는 수재들과 함께 흰 눈이 소복이 쌓인 대학교 교정을 걷고 있다. 그 사실만으로도 지금 이 순간은 충분히 즐길 가치가 있었다. 공부는 충분히 했고, 여기에서까지 책을 보고 싶지는 않았다.

어차피 책은 가지고 오지도 않았다. 알아야 할 지식은 이미 머릿속에 들어 있었고, 시험에 필요한 법전은 시험장에서 나눠줬다. 시험이 치러지는 동안 나는 수십 페이지에 걸친 형사재판 변호인의견서, 민사재판 준비서면, 행정소송 소장 등을 쓰며 마치 연애편지를 쓰는 것 같다는 생각을 했다.

답안지에 적어 내려가는 어려운 법률용어들과 법리들은 그동안 내가 공부에 바친 열정, 노력, 시간을 그저 다른 형태의 언어로 풀었을 뿐인 연애편지였다. 그래서 아침부터 저녁까지 이어지는 시험들이, 월요일부터 금요일까지 이어지는 일정들이 하나도 힘들지 않았다. 오히려 재밌다는 생각마저 들었다.

그리고 시험을 주관한 법무부는 내가 쓴 연애편지에 대한 대답을 3개월 뒤로 기약했다.

결국 꿈은 이루어진다

어느새 4월, 합격자 발표일이 다가왔다. 발표 예정 시각은 금요일 저녁 6시였다. 불타는 금요일을 보낼 사람과 우울한 주말을 보낼 사람이 갈라지는 순간이다.

합격자 발표 시간은 원래 내가 운동을 하는 시간이었다. 시험이 끝난 날 나는 헬스장에 등록해 매일 저녁 5시부터 7시까지 러닝머신을 뛰었다. 그날도 그렇게 할 작정이었다. 합격자 발표는 운동을 모두 끝낸 후 집에 가서 천천히 확인하리라 생각했다.

합격과 불합격은 수험생이 선택할 수 없지만 그 소식을 '어디서 무엇을 하면서' 들을 것인지는 선택할 수 있다. 사실 공부라는 녀석은 그동안 자신의 마음을 나에게 쉽게 허락하지 않았다. 그 보멸감과 좌절감을 견뎌내고 여기까지 오면서 상처를 받지 않았다고 하면 거짓말이다. 나도 자존심이 있으니 "저의 편지에 대한 대답이 뭔가요? 제발 알려주세요!"라며 오매불망 컴퓨터 앞에서 새로고침 버튼만 누르며 기다리고 싶지는 않았다.

그런 다짐을 하면서 러닝머신을 뛰었지만 자꾸만 벽에 걸린 시계로 눈길이 향하는 것은 어쩔 수 없었다. '뭐야, 아직 5분이나 남았잖아.' 기다려본 사람은 알 것이다. 마지막 그 5분이 얼마나 긴 시간인지. 6시 정각은 너무 멀게만 느껴졌다.

이윽고 핸드폰으로 문자 메시지가 날아왔다. 합격자가 발표되었으니 모든 수험생은 홈페이지에 접속해서 확인해 보라는 법무부의 안내 문자였다. 러닝머신을 뛰기로 한 다짐은 속절없이 무너졌다. 나도 모르게 러닝머신에서 내려와 핸드폰을 꺼내 법무부 사이트에 접속해서 수험번호와 주민등록번호를 입력했다. 1초 정도 하얀 화면이 뜨더니 뭔가 글자가 많이 적힌 화면으로 획 바뀌는 게 느껴졌다.

급하게 핸드폰을 엎고 고개를 들었다. '아, 내가 숨을 쉬지 않고 있었구나.' 크게 숨을 내쉬고 조심스럽게 핸드폰을 뒤집었다. 일부러 눈을 흐릿하게 뜨고 멀리서 살짝 보니 귀하는 어쩌고 하는 말만이 보였다. 천천히 핸드폰을 눈에 가까이 가져다 댔다.

축하드립니다. 귀하는 변호사 시험에 합격하셨습니다.

이제 나는 변호사다! 참 오래도 걸렸다. 그래도 결국 여기까지 왔다. 스무 살 때 대학교 앞 허름한 비디오방에서 〈시빌 액션〉, 〈레인메이커〉 같은 법정 영화를 보며 막연하게 동경하던 변호사였다. 너무나 멀리 있어 손에 잡힐 것 같지도 않던 꿈이었는데, 바람을 타고 조금씩 올라가다 보니 어느새 내 손에 잡혀서 파닥거리고 있었다.

박철범 변호사. 어색해서 내가 아닌 것 같지만 그래도 이제부터는 이게 나다. 앞으로 어떤 미래가 펼쳐질까? 기대되고 흥분되었지만 지금까지 그랬던 것처럼 지금 눈앞의 일에 집중하기로 했다.

러닝머신의 속도를 다시 높였다. 정신 차려야지. 아직 운동시간이 한 시간이나 남았다.

첫 사건이 준 교훈

법원에서 실무 과정을 거치고 대한변호사협회에서 연수를 받았다. 그리고 몇몇 법무법인에서 근무한 뒤 나는 개인 사무실을 열었다.

나만의 첫 사건은 어느 할머니의 민사소송이었다. 할머니는 최근 누군가에게 소송을 당했는데 그 내용은 24년 전에 빌려준 돈 5,600만 원을 갚으라는 것이었다. 무슨 일 때문에 그렇게 큰돈을 빌리셨을까 궁금해서 살펴보니, 그때 빌린 돈은 800만 원뿐이었다. 그런데 당시 이자가 25%였고, 24년 동안 이자가 불어나 이렇게나 액수가 커진 것이다.

할머니의 말에 따르면 자신이 삼십 대 때 식당을 운영하면서 인근의 일수 놓던 아저씨에게 돈을 빌렸다고 한다. 그런데 그 돈은 그때 모두 갚았단다. 매일 가게로 찾아왔던 그 아저씨에게 매일 조금씩 나눠 갚았고, 결국 2년 만에 모두 해결했다고 하셨다. 문제는 그렇게 갚았다는 영수증을 지금은 보관하고 있지 않다는 것이었다. 하긴 누가 24년 전의 영수증을 가지고 있겠는가? 그러나 재판에서는 증거가 없으면 지게 된다. 갚았다는 말만으로 이길 수는 없다.

그에 반해 상대방이 들이미는 증거는 결정적이었다. 800만 원을 연 25%로 빌린다는 계약서가 떡하니 첨부되어 있었고, 거기엔 공증사무소의 공증까지 있었다. 이렇게 되면 아무도 그 내용의 진의를 다툴 수 없다. 심지어 판사조차 그대로 인정해야 한다.

물론 예전의 일이기 때문에 '소멸시효 원칙'을 생각해 볼 수는 있었다. '오랜 세월이 지나면 권리가 사라진다'는 원칙이다. 그러나 애초에 상대방은 그것까지 예상하고 소멸시효가 중단된 여러 가지 사정까지 주장하고 있었다. 철저히 대비하고 소송을 건 게 분명했다.

나는 밤늦게까지 책상에 앉아 고민했다. 아무리 생각해도 답이 나오지 않았다. 그러다 문득 책꽂이에 눈길이 갔다. 거기에는 수험생 시절에 보던 민법 교과서가 있었다. 지푸라기라도 잡는 마음으로 책을 펼쳤다. 어느 부분을 봐야 할지도 감이 잡히지 않아서 처음부터 읽기 시작했다. 그날 2,000페이지가 넘는 민법 책을 밤을 새워 모두 읽었다.

✦

다음 날 아침, 드디어 방법을 찾아냈다. 그것도 하나가 아닌 무려 세 가지 방어 수단을 찾아냈다. 심지어 세 방법 모두 우리 쪽이 굳이 증명할 필요가 없는 손쉬운 주장들이었다. 나는 세 가지 주장을 치밀하게 논리로 구성하여 법원에 제출할 답변서에 담았다.

얼마 뒤, 내가 제출한 답변서를 받아본 상대방으로부터 연락이 왔다. 이 재판은 자기가 실수로 건 것 같으니 우리가 동의만 해준다면 취하하고 싶다는 것이었다. 할머니에게 어떻게 하고 싶은지 여쭈니 할머니도 재판이 빨리 끝나면 좋은 것 아니냐고 말했다. 판사로서도 환영할 일이었다. 사건 자체가 사라지는 것이니 판결문을 쓰지 않아도 되기 때문이다. 변호사인 나도 맡은 일이 끝나는 것이니 당연히 좋은 상황이다.

하지만 나는 고민하다가 할머니에게 동의해 주지 말자고 권유

했다. 이유는 할머니가 쓴 변호사 비용 때문이었다. 만약 상대방의 소 취하에 우리가 동의해 주면 할머니는 변호사 비용을 온전히 돌려받을 수 없었다. 그러나 우리가 재판에서 이기면 할머니가 썼던 변호사 비용을 모두 상대방에게 받아낼 수 있었다. 물론 그러기 위해서는 재판에서 꼭 이겨야 한다.

이것은 일종의 도박이었다. 괜히 재판을 끌고 가다가 혹시라도 지게 될 수도 있으니까. 그렇지만 나는 확신이 있었다. 내가 주장한 세 가지 방어 방법은 모두 충분히 설득력이 있는 것들이었다. 나는 판사에게 상대방의 소 취하를 거부하겠다고 했고, 한 달 뒤 법원은 우리 쪽 손을 들어줬다. 상대방은 항소를 포기했고, 나의 첫 재판은 그렇게 승소로 확정됐다.

<hr />

공부가 즐거울 수밖에 없다

이 사건을 통해서 내가 깨달은 것은 세 가지다. 첫째, '방법은 언제나 있다'는 것이다. 처음에 나는 이 사건이 백 퍼센트 질 사건이라 생각했다. 그러나 생각을 바꿔 치열하게 고민하니 해결책을 찾을 수 있었다. 최선의 해결법이 없다면 차선책이라도 있다. 변호사라면 어떻게든 그걸 찾아내야만 한다. 전문가가 포기해 버리면 의뢰인들은 누구를 의지하겠는가?

둘째, 사건의 해결 방법은 다름 아닌 '책'에 이미 담겨 있다는 것이다. 어떤 지식도 이유 없이 책에 실리지 않는다. 중요한 지식이니까, 실무에서도 필요하니까 책 속에도, 시험 과목에도 있는 것이다. 나는 그때 법률전문가로 일하면서 벽에 부딪히게 될 때는 일단 책을 펼쳐보기로 다짐했다. 아무리 익숙한 유형의 소송이라도 책을 펼치고 돌다리도 두드리듯이 공부해 가면서 진행하자고 결심했다.

셋째, '변호사가 된 후 오히려 더 열심히 공부해야 한다'는 사실이다. 이 사건에서 내가 한 일을 간단히 정리해 보자면 나는 그저 책을 펴서 공부했고, 그것을 사건에 응용해 판사에게 주장했다. 참 단순한 과정이다. 여러 번 반복하게 되면 나도 모르게 기계적으로 변할지도 모르는 일이다. 하지만 이 일의 결과는 절대로 단순하지 않다. 누군가의 인생이 뒤바뀌기 때문이다.

변호사가 게으르면 형편이 어려운 할머니가 5,600만 원의 빚을 지게 된다. 검사가 실수하면 죄 없는 사람이 구치소에 끌려가게 되고, 의사가 미숙하면 수술대에 오른 환자가 영원히 깨어나지 못하게 된다. 전문가가 공부를 제대로 하지 않으면 그로 인해 누군가의 삶이 부서진다.

변호사가 되기 전에는 나에게 공부란 그저 나 자신을 위한 것이었다. 대학에 합격하기 위해서, 좋은 학점을 받기 위해서, 원하는 직업을 얻기 위해서 등. 만약 공부를 못하거나 시험에 실패하게 되더라도 나 자신만이 영향을 받을 뿐이었다. 그러나 지금 하는 공부는 나 자신을 넘어서 타인에게도 큰 영향을 미친다.

그러니 결국 나는 공부를 평생 해야 할 것 같다. 그것은 내가 가진 지식으로 남을 돕겠다는 결심을 했을 때부터 피할 수 없는 숙명이 되었다.

그렇지만 나를 불쌍하다고 생각할 필요는 없다. 지금의 공부는 학생 때의 공부보다 훨씬 즐거우니까. 시험에 대한 중압감이 있는 것도 아니다. 그저 나 자신의 전문성 향상을 위해서 하는 공부다. 그리고 타인의 삶을 치료하기 위해서 하는 공부다. 이런 의미의 공부라면, 공부가 즐거울 수밖에 없다.

공부가
우리에게 주는 보상

인생에서 선택할 수 있는 길은 공부 말고도 많다. 악기를 배울 수도, 운동을 할 수도, 사업을 벌릴 수도 있다. 그런데 왜 나는 다른 것들 대신 '공부'를 선택한 걸까?

돌아보면 고등학교 때는 그저 좋은 대학에 가기 위해서 공부했고 대학교에 와서는 내가 원하는 직업을 얻기 위해서 공부했다. 그렇다면 이제는 변호사가 되었으니 더는 '무엇인가 되기 위해서' 공부할 필요가 없다. 그런데도 나는 여전히 공부를 하고 있다. 도대체 무엇을 얻으려 나는 아직도 공부하는 걸까?

공부가 다른 것들과 결정적으로 다른 부분은 '지식을 얻는 행위'

라는 점이다. 우리는 공부를 통해 지식을 얻는다. 물론 지식은 일차적으로 우리가 원하는 대학이나 시험에 합격할 수 있게 해준다. 그러나 지식에는 그것에 그치지 않는, 본질적인 힘이 있다.

우리는 지식을 통해 인간과 사회를 바라보는 눈과 좀 더 나은 관점과 대안을 제시하는 힘을 얻게 된다. 그 능력을 통해 내 주위 사람들을 도울 수 있고, 그 과정에서 나 자신의 행복도 찾을 수 있다고 믿는다. 그렇기에 나는 아직도 공부를 이어간다. 쉽게 말해 나는 내가 살고 싶은 대로 살려고 공부한다. 나에게 공부란 자유를 가져다주는 수단인 셈이다.

나는 공부를 통해 많은 것을 얻었다. 공부하는 과정에서 재미와 행복도, 원하는 직업도, 기회도 얻었다. 도움이 필요한 사람들에게 나의 지식과 경험을 나누어줄 수 있게 되었고, 정직하게 업무를 처리하면서도 내 노력에 상응하는 대가도 받게 되었다. 공부가 주는 이런 보상들에 나는 너무나 만족한다. 그리고 이 책을 읽고 있는 당신 역시, 지금 하고 있는 공부의 끝에서 이런 즐거움들을 얻게 될 거라 확신한다.

만약 공부를
연인이라 부를 수 있다면

어쩌면 우리는 모두 산을 오르는 등반가들 같다. 이 책을 읽는 여러분은 이제 그 힘든 길을 걸어야 하거나 걷고 있을 것이다. 나 역시 아직 걷는 중이다. 무엇을 이루었기에 이 글을 쓴 것은 아니다.

다만 공부라는 산을 먼저 올라본 사람으로서 그리고 지금도 앞서 걷고 있는 사람으로서, 어디가 지름길이고 낭떠러지인지 알려주고 싶었다. 그러기 위해서는 내 인생을 있는 그대로 보여주는 것이 가장 효과적이라고 생각했다. 이런 걸 말해도 되나 싶은 것도 가감 없이 밝혔다.

때로 나는 지혜로운 선택을 했고, 때로 어리석은 선택도 했다. 어쨌든 나는 그렇게 살아왔다. 다만 그 과정에서 얻은 나의 시행 착오가, '밝은 모범'이라는 내 이름의 뜻처럼 뒤따라오는 사람에게는 발을 헛딛지 않게 해주는 선례가 되기를 바란다.

한 번뿐인 인생에서 공부는 우리가 할 수 있는 수많은 것 중 하나다. 그러나 주위를 보면 공부를 못한다는 이유로 자신을 비하하고 자책하는 이들도 있다. 그런 사람을 보면 마치 예전의 내 모습을 보는 것 같아 안타깝다.

'세상에 대학교는 두 가지가 있는데, 그중 하나는 서울대고 다른 하나는 서울대가 아닌 대학이다'라고 생각하는 사람은 어느 대학에 들어가든지 자기 자신을 사랑하지 못할 것이다. 평생 자신과 남을 비교하며 살게 되기 때문이다. 부끄러운 고백이지만 나도 잠시나마 그런 생각에 젖었을 때가 있었다.

그러나 우리는 살아가면서 공부가 다가 아니라는 걸 깨닫는다. 결국은 공부도 그저 여러 길 중의 하나일 뿐이다. 그러니 공부라는 길을 선택했다면 왜 공부를 하는지에 대한 분명한 이유가 있어야만 한다. 공부를 하는 것은 그 다음이다.

공부에 관해서 내가 당부하고 싶은 것은 단 한 가지다. 공부를 믿기 바란다. 만약 공부를 연인이라 부를 수 있다면 그는 정말로 믿을 만한 연인이다. 자신이 받은 사랑이 아무리 작더라도 반드시 되돌려주는 정직한 연인이다. 당신이 공부에 바친 노력은 절대로 배신당하지 않을 것이다. 이 단순한 믿음은 공부하는 과정에서 가장 큰 에너지가 된다.

✦

얼마 전, 책장을 정리하다 우연히 스무 살 때 강연회에 참석하여 받은 자료를 발견했다. 조영래 변호사의 삶을 다뤘던 예전의 그 강연회 말이다. 자료 중에는 조영래 변호사가 썼다는 글도 있었다. 조영래 변호사가 미국에 머무르던 때가 있었는데, 그때 그는 열여섯 살이었던 큰아들에게 엽서 한 장을 보냈다. 엽서 앞면에는 뉴욕 엠파이어스테이트빌딩 사진이 있었고, 뒤에는 아래와 같은 내용이 있었다. 나는 가만히 앉아 그 글을 읽어 내려갔다.

아빠가 어렸을 때는 이 건물이 세계에서 제일 높은 건물이었다.
아빠는 네가 이 건물처럼 높아지기를 바라지는 않는다.
돈 많은 사람이 되거나, 유명한 사람, 높은 사람이 되기를 원하지
도 않는다.
작으면서도 아름답고, 평범하면서도 위대한 건물이 얼마든지 있

듯이, 인생도 그런 것이다.

건강하게, 성실하게, 즐겁게, 하루하루 기쁨을 느끼고, 또 남에게도 기쁨을 주는, 그런 사람이 되기를 바랄 뿐이다.

실은 그것이야말로 이 엠파이어스테이트빌딩처럼 높은 소망인지도 모르겠지만.

스무 살 때는 별 감흥 없이 지나쳤던 글이었으나 지금의 나에게는 비수처럼 날아와 박힌다. 과연 나는 제대로 살고 있을까?

나의 경우, 많은 것들이 내 꿈을 결정했다. 초등학교 때 제주도 식물원에 올라가서 바라본 바다의 풍경. 표창장을 받던 친구. 가족을 위해 헌신하셨던 외할머니와 어머니. 내가 원하던 대학에 먼저 합격한 선배들의 이야기. 그리고 그 직업 분야에서 활동하면서 뛰어난 업적을 남겼거나 타인을 위해 자신을 희생하며 살았던 큰 별 같은 사람들. 나는 그들처럼 되기를 원하고 또 원했기에 노력할 수 있었으며, 노력하고 노력했기에 꿈에 가까워질 수 있었다.

그러나 그것은 내 힘만으로 이뤄진 게 아니었다. 많은 선생님의 격려가 있었고, 친구들의 도움이 있었으며, 선배들의 가르침이 있었고, 가족들의 희생이 있었다. 그 모든 것이 어우러져 지금의 내가 만들어진 것이다. 어느 것 하나 나 혼자 이룬 게 없다.

앞으로 나는 어떻게 살아야 할까? 논을 많이 번다거나 사회의 거물이 된다거나 사람들에게 인기를 얻는다거나……. 그런 게 싫은 사람이야 있겠냐만은 그런 생각이 들 때마다 나는 외할머니의 얼굴이 함께 떠오른다. 내 손을 잡고 마지막 유언을 남기시던 모습이.

바라건대 앞으로 나의 삶은 언젠가 외할머니가 말씀하셨던 것처럼 어찌할 수 없는 현실에 불평하지 않고 그저 할 수 있는 일에만 마음을 쏟는 삶이기를, 그리고 그동안 내가 받은 사랑을 주위 사람들과 이 사회에 베푸는 삶이기를, 또한 그렇게 할 수 있는 능력을 기르기 위해 언제나 공부의 끈을 놓지 않는 삶이기를 꿈꾼다.

그렇게 살다 보면 언젠가 하늘에서 외할머니를 다시 만났을 때 이렇게 말하며 나를 안아주실 것이다.

"아이고, 우리 철범이. 잘 살았네."

그러면, 나는 그걸로 충분하다.

이 책의 독자들 역시 걷고 있는 공부의 길 끝에서 그런 행복을 찾기를 진심으로 기도한다.

✦ 공부 러닝메이트였던 창진이는 그 후 회계사 시험에 합격했고 현재는 유명 회계법인에서 근무하고 있다.

✦ 서울대 법대에서 만난 두 명의 선배 중 정재민 선배는 판사를 거쳐 현재는 법무부 법무심의관으로 근무하고 있다. 원재민 선배는 변호사로 활동하고 있는데, 내가 변호사가 되었을 때 누구보다 좋아했고 변호사로서의 모든 노하우를 나에게 아낌없이 전수해 주었다.

✦ 중학교 단짝이자 함께 공부방을 운영했던 윤민이는 모은 돈을 밑천 삼아 부동산 사업을 시작했다. 타고난 부지런함과 추진력으로 사업을 크게 성공시킨 그는 현재, 자기 명의로 된 아파트 두 채와 5층짜리 빌딩을 가지고 있다.

✦ 어머니는 고위 공직에서 은퇴한 분을 만나 재혼을 했다. 인품이 온화하여 사람들에게 존경받는 분이다. 그녀는 요새 그림을 배우고 있는데, 언젠가 전시회를 여는 게 꿈이다.

✦ 나는 현재 서울에서 개인 변호사로 활동하고 있다. 주로 권리를 침해당한 피해자들을 대리한다.

마지막으로 당신은,
공부를 하는 자신만의 소중한 이유를 찾고
오늘도 최선을 다해 앞으로 나아가고 있을 것이다.
앞으로 펼쳐질 뒷이야기의 주인공은
바로 당신이다.

하루라도
공부만
할 수 있다면

초판 1쇄 발행 2009년 4월 25일
개정판 1쇄 발행 2022년 1월 24일
개정판 4쇄 발행 2023년 7월 13일

지은이 박철범
펴낸이 김선식

경영총괄 김은영
책임편집 김단비 책임마케터 오서영
콘텐츠사업7팀장 김민정 콘텐츠사업7팀 김단비, 권예경, 이한결
편집관리팀 조세현, 백설희 저작권팀 한승빈, 이슬, 윤제희
마케팅본부장 권장규 마케팅1팀 최혜령, 오서영
미디어홍보본부장 정명찬 영상디자인파트 송현석, 박장미, 김은지, 이소영
브랜드관리팀 안지혜, 오수미, 문윤정, 이예주 지식교양팀 이수인, 염아라, 김혜원, 석찬미, 백지은
크리에이티브팀 임유나, 박지수, 변승주, 장세진, 김화정 뉴미디어팀 김민정, 이지은, 홍수경, 서가을
재무관리팀 하미선, 윤이경, 김재경, 이보람, 박성완
인사총무팀 강미숙, 김혜진, 지석배, 박예찬, 황종원
제작관리팀 이소현, 최완규, 이지우, 김소영, 김진경, 양지환
물류관리팀 김형기, 김선진, 한유현, 전태환, 전태연, 양문현, 최창우
외부스태프 글정리 이은영 디자인 정윤경 일러스트 유담

펴낸곳 다산북스 출판등록 2005년 12월 23일 제313-2005-00277호.
주소 경기도 파주시 회동길 490 다산북스 파주사옥
전화 02-704-1724 팩스 02-703-2219 이메일 dasanbooks@dasanbooks.com
홈페이지 www.dasanbooks.com 블로그 blog.naver.com/dasan_books
종이 신승지류유통 인쇄 및 제본 한영문화사 코팅 및 후가공 평창피앤지

ISBN 979-11-306-7980-8 (13370)

다산북스(DASANBOOKS)는 독자 여러분의 책에 관한 아이디어와 원고 투고를 기쁜 마음으로 기다리고 있습니다. 책 출간을 원하는 아이디어가 있으신 분은 다산북스 홈페이지 '투고 원고'란으로 간단한 개요와 취지, 연락처 등을 보내주세요. 머뭇거리지 말고 문을 두드리세요.